Pierre-Michel Menger
Kunst und Brot

édition discours

Klassische und zeitgenössische Texte
der französischsprachigen Humanwissenschaften

Herausgegeben von Franz Schultheis

Band 39

Pierre-Michel Menger

Kunst und Brot

Die Metamorphosen des Arbeitnehmers

Aus dem Französischen übersetzt von Michael Tillmann

UVK Verlagsgesellschaft mbH

Ouvrage publié avec le concours du ministère français chargé de la culture – Centre national du livre
Veröffentlicht mit Unterstützung des Französischen Ministeriums für Kultur

Bibliografische Information der Deutschen Bibliothek
Die Deutsche Bibliothek verzeichnet diese Publikation in der Deutschen Nationalbibliografie; detaillierte bibliografische Daten sind im Internet über <http://dnb.ddb.de> abrufbar.

ISSN 0943-9021
ISBN 13: 978-3-89669-664-9
ISBN 10: 3-89669-664-5

Titel der Originalausgabe:
Portrait de l'artiste en travailleur. Métamorphoses du capitalisme

Einbandgestaltung: Susanne Weiß, Konstanz
Satz und Layout: Claudia Wild-Bechinger, Stuttgart
Printed in Germany

UVK Verlagsgesellschaft mbH
Schützenstr. 24 · D-78462 Konstanz
Tel. 07531-9053-0 · Fax 07531-9053-98
www.uvk.de

Inhaltsverzeichnis

Einleitung

Dass Wissen und Innovation die wesentlichen Voraussetzungen für gesellschaftliche Entwicklung darstellen, wird heute kaum noch ernsthaft in Frage gestellt. In zwei Bereichen, der Kunst sowie der wissenschaftlichen und technologischen Forschung, haben diese Ressourcen jedoch einen ganz besonderen Stellenwert. Insofern ist die Frage interessant, ob diese Bereiche das Produkt einer Spezialisierung der menschlichen Tätigkeit sind, bei der einige wenige Individuen die Kenntnisse erweitern bzw. Kunstwerke schaffen, die das Bedürfnis nach Innovation und Unterhaltung befriedigen, oder ob sich daraus allgemeinere Regeln darüber ableiten lassen, wie eine Gesellschaft am besten seine Kreativität nutzen sollte.

Die Frage nach der Einzigartigkeit bzw. der Beispielhaftigkeit der Künste und der wissenschaftlichen Forschung verweist auf eine ebenso alte wie zentrale Fragestellung: Ist die schöpferische Tätigkeit eine Arbeit im eigentlichen Sinne und lassen sich folglich ihre Methoden und Organisationsformen auch auf andere Produktionsbereiche übertragen? Oder handelt es sich vielmehr um so exotische Voraussetzungen, dass die kreative Beschäftigung aus dem eigentlichen Definitionsrahmen der Arbeit fällt und fast so etwas wie ihr Gegenteil darstellt?

Auf den ersten Blick ist man versucht zu sagen, dass die schöpferischen und innovativen Tätigkeiten kaum Gemeinsamkeiten aufweisen mit einer Arbeit im Sinne einer bezahlten Leistung zur Sicherung seines eigenen Unterhalts und des Fortbestands seiner Angehörigen, im Sinne eines ständigen Abwägens zwischen Freud und Mühsal, durch das ein jeder seine Arbeitskraft auf einem Markt feilbietet. Andererseits jedoch sind Kunst und Wissenschaft eine symbolische Verdichtung zweier gegensätzlicher Aspekte der Arbeit. Zum einen beruht die Tätigkeit auf dem produktiven Einsatz persönlicher und kollektiver Ressourcen (Motivation, Energie, Wissen bzw. Forschungseinrichtungen, Finanzierung und Austausch mit Gleichgesinnten), der oft ein solches Ausmaß annimmt, dass die kreativsten Individuen von ihrer Arbeit buchstäblich »besessen« sind. Zum anderen kommen kreative Ressourcen in den hoch qualifizierten Arbeitsprozessen nur zum Tragen, wenn die routinehaften Abläufe zumindest teilweise ausgehebelt werden: Arbeitseinsatz,

Leistungsbereitschaft, Motivation und Reflexivität haben nur dann einen Nutzen, wenn die Arbeitsabläufe in weiten Teilen unvorhersehbar und damit auch innovationsfreundlich sind. Voraussetzung ist also, dass sich das freie Spiel der individuellen Fähigkeiten, von dem Kant spricht, ungehindert entfalten kann und keinem sklavisch-tyrannischen Nützlichkeitsdenken unterliegt.

Die Frage der »schöpferischen Arbeit« gewinnt zudem an Bedeutung, wenn man bedenkt, welchen Stellenwert in der modernen kapitalistischen Wirtschaft Wissens- und Kreativressourcen besitzen. Die Produktivitätsgewinne, die Innovationskapazitäten und die Vorteile, die sich aus der vollständigen Identifikation der Arbeitnehmer mit ihrer Arbeit ergeben, haben einen gemeinsamen Nenner und zwar die Nutzung und Erweiterung der Kenntnisse, denen die beiden Innovationsquellen entspringen, die schon seit langem die Triebfeder der kapitalistischen Expansion darstellen: eine progressive Innovation durch eine unablässige Wissensanhäufung und -umgestaltung sowie eine radikale Innovation, die mit älteren Kenntnissen und Techniken bricht. Vor diesem Hintergrund bilden die High-Tech-Industrien, das Consulting in den Bereichen Recht, Finanzen und Management, die Grundlagenforschung bzw. deren konkrete Anwendung, die Informationstechnologien und die Kunstindustrie eine Avantgarde, die über ihre eigenen Zentren und Knotenpunkte (die *global cities* wie London, New York, Los Angeles, Paris, Berlin, Tokio, Schanghai usw.), eine eigene Managementdoktrin (etwa: Projekt, Netz, Team, Engagement, dezentrale Kontrolle, Verantwortung) und eine individualistische Arbeitsphilosophie verfügt.

Dagegen mag man einwenden, dass sich die wissenschaftliche Forschung vielleicht als eine Arbeitstätigkeit beschreiben lässt, dass es allerdings zweifelhaft ist, ob dieser Befund in demselben Maße für die Kunst gelten kann. Betrachtet man das künstlerische Schaffen nicht vielfach mit einer Mischung aus Spott und Faszination, insofern hier zwar ein Erwerbsraum der Freiheit und der Selbstbestimmung eine starke Anziehungskraft ausübt, diese Tätigkeit, die eher als ein Spiel denn als eine Arbeit im eigentlichen Sinne wahrgenommen wird, gleichzeitig aber als im Grunde nutzlos und unproduktiv gilt? Dabei übersieht man allerdings, dass der Topos der schöpferischen Erneuerung bereits in viele Produktionsbereiche eingedrungen ist. Durch eine gewisse innere Verwandtschaft gelten die Künstler zusammen mit den Wissenschaftlern und den Ingenieuren als der harte Kern einer »kreativen Klasse« bzw. als eine fortgeschrittene gesellschaftliche Gruppierung, als »Experten symbolischer Kommunikation«, als eine Avantgarde zur Erneuerung des hoch qualifizierten Beschäftigungssektors.[1] Metaphorisch werden die zentralen Werte der Künstlerkompetenz – Fantasie, Spiel, Improvisation, atypisches Verhalten und sogar kreative Anarchie – regelmäßig auch auf andere Produktionsbereiche übertragen. Eine Vorbildfunktion hat der schöpferische Erfindergeist darüber hinaus für das unternehmerische Denken in den neu gegründeten Kleinunternehmen, weil die vernetzte Organisation in den kreativen Beschäftigungsbereichen und die Arbeits- und Kommunikationsbeziehungen in der Welt der Kunst anderen Arbeitssphären ein Organisationsmodell liefern. Und ganz unabhängig davon ist die Kunst selbst mittlerweile ein bedeutender Wirtschaftssektor und als solcher Teil der Ökonomie.

Die Frage der »schöpferischen Arbeit« hat für die Künste keine geringere Relevanz als für die wissenschaftliche Forschung. Ganz im Gegenteil: Vielleicht tritt gerade hier ihre eigentliche Bedeutung in Erscheinung. In der Kunst zeigt sich nämlich viel unvermittelter als in der wissenschaftlichen Forschung das Willkürliche und Unvorhersehbare einer jeden schöpferischen Aktivität. Hier herrscht eine viel größere Unabhängigkeit gegenüber den Bewertungsmaßstäben, den Verifikationskriterien, den Zwängen einer kumulativen Innovation und einer Ablösung des Alten durch das Neue, wie sie in der wissenschaftlichen Forschung gelten. Die Vielfalt der künstlerischen Ausdrucksformen und -modi ist ein Beleg dafür, dass die Kreativität hier im Dienste einer schrankenlosen Differenzierung steht. Damit sind die Künste viel offener für ungewöhnliche Formen des individuellen Schaffensgeistes und viel unmittelbarer dem Urteil der Verbraucher und den unterschiedlichen Rezeptionsebenen unterworfen.

Deswegen ist der vorliegende Essay vornehmlich der Kunst gewidmet. Die Ausgangshypothese behauptet nicht nur, dass die künstlerische Produktion nicht bzw. nicht mehr ein Gegenbild der Arbeit darstellt. Vielmehr ist davon auszugehen, dass die künstlerischen Schaffensprozesse angesichts der jüngsten Wandlungen des Kapitalismus zunehmend als fortschrittlichster Ausdruck innovati-

---

1 Vgl. Robert Reich, *The future of Success. Wie wir morgen arbeiten werden*, München, Piper, 2004, und Richard Florida, *The Rise of the Creative Class*, New York, Basic Books, 2002

ver Produktionsprozesse und Arbeitsbeziehungen beansprucht werden. Die romantische Vorstellung des rebellischen und subversiven Künstlers gehört der Vergangenheit an. Jetzt gilt der schöpferische Mensch als eine modellhafte Figur des neuen Arbeitnehmers. An ihr lassen sich so entscheidende Veränderungen wie die Aufsplitterung des Arbeitnehmerstatus', die Zunahme freiberuflicher Beschäftigungsverhältnisse, die Bedeutung und Triebkräfte der heutigen Ungleichheiten, die Bestimmung und Evaluierung der Kompetenzen oder auch die Individualisierung der Arbeitsbeziehungen ablesen. Die Entwicklung und Organisation des kreativen Arbeitens dient heute als Ideal einer hochkomplexen Arbeitsteilung. Gemäß dem Prinzip der fortschreitenden Wissensdifferenzierung entspricht dieses Idealbild den Forderungen nach einer Segmentierung der Arbeitsaufgaben bzw. -kompetenzen und begünstigt zugleich deren dynamische Eingliederung in das Netz funktionaler Interdependenzen und Beziehungen innerhalb eines Arbeitsteams. Die inneren Widersprüche der Künstlerarbeit veranschaulichen einige Aspekte der tief greifenden Wandlungen der Arbeit und der modernen Beschäftigungssysteme: ein hohes Maß an persönlichem Engagement und Arbeitsautonomie, die Akzeptanz, ja Forderung von Flexibilität, ein riskantes Gleichgewicht zwischen materiellen Gewinnen und nicht-finanziellen Entschädigungen, eine gezielte Nutzung ungleich verteilter Begabungen usw.

Kurz: Die aus dem 19. Jahrhundert ererbte Vorstellung, die den Idealismus und die Selbstaufopferung des Künstlers gegen den berechnenden Materialismus und die Arbeitswelt ausspielten und der Figur des originellen, provozierenden und rebellischen Künstlers die Gestalt des konformistischen und spießbürgerlichen Bourgeois entgegenhielten, hat ausgedient. In Gestalt des fantasievollen, mobilen, hierarchiefeindlichen, sich selbst motivierenden Arbeiters, der sich in einem ungewissen Wirtschaftskontext bewegt und stärker den Risiken der interindividuellen Konkurrenz und den neuen Unsicherheiten der beruflichen Karriereplanung ausgesetzt ist, ähnelt der Künstler in den gegenwärtig vorherrschenden Vorstellungen eher einem möglichen Idealbild des Arbeitnehmers der Zukunft. Fast hat man den Eindruck, als wäre die Kunst gemäß oder auch im Widerspruch zu der von Marx prophezeiten ständigen Revolution der Produktionsverhältnisse zu einem Prinzip der kapitalistischen Entwicklung geworden, als verkörpere gegenwärtig der Künstler selbst mit all seinen Ambivalenzen ein mögliches Ideal einer qualifizierten Arbeit mit hohem Mehrwertfaktor.

Der erste Teil des vorliegenden Essays liefert einen kritischen Überblick über die verschiedenen theoretischen Positionen, mit denen das Porträt des Künstlers als Arbeiter gezeichnet werden kann. Im zweiten Teil geht es um die in der Kunst charakteristischen Ungleichheiten, deren Grundlagen und Legitimitätskriterien hier untersucht werden. Der dritte und letzte Teil befasst sich mit den Beschäftigungssystemen, die heute in der künstlerischen Produktion vorherrschen und vor deren Hintergrund sich manche der besonders symbolischen Wandlungen des heutigen Arbeitsmarktes analysieren lassen.

KAPITEL I: Kunst und Kapitalismus

Was lässt sich von der künstlerischen Arbeit auf die anderen Produktionsbereiche übertragen, und welche Lehren können all jene Manager, Analysten und Zukunftsforscher daraus ziehen, die in den sukzessiven Umbrüchen der Arbeitsorganisation eine der wesentlichen Voraussetzungen für die Wandlungen des Kapitalismus sehen?

Bevor wir dieser Frage nachgehen, muss jedoch zunächst ein grundlegender Einwand entkräftet werden. Vielfach heißt es nämlich, dass die charakteristischen Widersprüche zwischen dem schöpferischen Talent und dem Kapitalismus nur einen spezifischen Wirtschaftssektor beträfen. Ein solches Argument erweist sich allerdings als unzureichend. Alle Statistiken zeigen nämlich, dass der Wirtschaftssektor von Kunst, Theater und Film sowie die Unterhaltungsindustrie in den entwickelten Wirtschaften sowohl auf der Angebotsseite (Beschäftigung, Produktion und Marktpräsenz) als auch mit Blick auf die Nachfrage (Anstieg der Ausgaben zur Freizeitgestaltung der einzelnen Haushalte) deutlich gewachsen ist. Außerdem erstreckt sich der Bereich der »Kreativwirtschaft« üblicherweise auf all das, was Forscher, Politiker, Beamte oder Statistiker gerade dazu rechnen wollen, d. h. auf die Werbebranche, die Spielzeugindustrie, die Presse, den Designsektor oder etwa auch das Kunsthandwerk. Diese begriffliche Dehnbarkeit ist umso größer, wenn es darum geht, einen starken Anstieg der öffentlichen Kulturausgaben zu rechtfertigen oder die postmoderne Fahne einer allgegenwärtigen Kreativität zu hissen, die dann als eine Quelle der wirtschaftlichen und kulturellen Dynamik eines Landes dargestellt wird. Und sollte es nicht genügen, die Arbeitsplätze und wirtschaftliche Leistungsfähigkeit im Kultursektor genau zu beziffern, so lassen sich zusätzlich ohne weiteres noch die indirekten Gewinne und sonstigen Externalitäten hinzukalkulieren, wie etwa das Prestige eines Landes mit einer »pulsierenden« Kulturszene, die Profite aus der Tourismuswirtschaft, die Standortattraktivität kulturell führender Metropolen für Unternehmen, öffentliche Einrichtungen usw.

Allerdings geht es im Folgenden weniger darum, die quantitative Bedeutung dieses Sektors zu errechnen. Im Mittelpunkt steht vielmehr die Frage, ob die Künste überhaupt noch eine atypische Arbeitssphäre darstellen, deren Funktionsprinzipien mit den Grundregeln der herkömmlichen Produktionsbereiche nicht vereinbar sind, oder ob die Entwicklung der schöpferischen Aktivitäten im Großen und Ganzen vielmehr den gemeinhin geltenden ökonomischen Gesetzen folgt.

Die künstlerische Produktion: Modell oder Gegenmodell?

In dem begrenzten Rahmen der vorliegenden Untersuchung ist nur eine sehr grobe Typologie der kritischen bzw. verklärenden Argumente möglich, die das allmähliche Vordringen des Marktkapitalismus in die Kultursphäre seit mehr als zwei Jahrhunderten begleiten. Dabei lassen sich vier Grundpositionen voneinander unterscheiden: Während manche von einer strikten Trennung zwischen der Sphäre der Kultur und den übrigen Produktionsbereichen ausgehen, andere wiederum von einer Kolonialisierung der Kunst durch den Markt sprechen – und damit auch von einer dem Kultursektor innewohnenden Opposition –, hat die Kunst einer dritten Position zufolge vielmehr einen zersetzenden Einfluss auf den Kapitalismus. Eine vierte Sichtweise stellt sich demgegenüber auf den Standpunkt, dass sich die verschiedenen Produktionsbereiche, darunter auch der Kultursektor, homolog zueinander entwickeln. Diese Konzeption lehnt jede wesensmäßige Opposition zwischen der Kunst und den gewöhnlicheren Produktionsbereichen ab. Bestimmte Grundmerkmale des künstlerischen Schaffens werden dazu genutzt, jene Arbeitspraktiken und -organisationsformen zu definieren, die den modernen Herausforderungen in besonderem Maße entsprechen.

Die Kunst als utopische Wahrheit des Menschen

Ein ganzer interpretatorischer Traditionsstrang betont mit Nachdruck, dass das künstlerische Schaffen außerhalb des Ökonomischen zu verorten sei und dass es sich dabei im Idealfall um die wünschenswerte Form der Arbeit handele. Im Wesentlichen fällt diese Tradition mit den Thesen des expressivistischen Modells zusammen, denen zufolge der Mensch sein eigentliches Menschsein im

Handeln und in der Arbeit verwirklicht. Darauf gründet letztlich auch die Marxsche Unterscheidung zwischen freier und entfremdeter Arbeit. In den Frühschriften Karl Marx' und insbesondere in seinen *Ökonomisch-philosophischen Manuskripten von 1844* nimmt die künstlerische Produktion in der Tat eine Sonderstellung ein. Hier wird nicht so sehr eine spezifische Ästhetik als eine allgemeine Ästhetik der Praxis ausgearbeitet, die die künstlerische Arbeit zum Maßstab jedweder Kritik an der Erwerbsarbeit erhebt. Das künstlerische Schaffen wird hier als Inbegriff der nicht-entfremdeten Arbeit betrachtet, durch die das Subjekt sich in völliger Freiheit und durch den Ausdruck der Kräfte, die das Wesen seines eigentlichen Menschseins ausmachen, verwirklicht. Jedem Einzelnen sollte die Arbeit die Möglichkeit bieten, seine Fähigkeiten ganz und gar zu entfalten: Insofern handelt es sich bei dem Begriff der »schöpferischen Tätigkeit« im Grunde um einen Pleonasmus. Das menschliche Handeln kann sich vor dem Hintergrund dieser Annahmen nämlich nur dann frei entfalten, wenn es nicht zu einem Mittel degradiert wird, um anderes (vor allem auch einen Gewinn) zu erzielen, wenn es nicht seines eigentlichen Sinnes, der ihm innewohnenden Motivationen oder dem Ergebnis seines Handelns beraubt wird. Diese generische Form der eigenen Arbeitsleistung bietet vor allem den Vorteil, dass der Mensch sich selbst erkennt, von sich selbst Besitz ergreift und autonom wird. Dazu muss sich allerdings eine derart konzipierte Arbeit von den Fesseln der Arbeitsteilung freimachen, die zu einer Spezialisierung der individuellen Fähigkeiten führt und deren Träger einschränkt. Sie muss sich von den Marktbeziehungen lösen, die dazu beitragen, dass die Arbeit ihre individualisierenden und expressiven Charakteristika verliert und zu einem »Negativnutzen« wird. Für Marx betrifft in einer postkapitalistischen Gesellschaft die schöpferische Tätigkeit nicht mehr allein eine besondere Kategorie von Arbeitern, die sich auf die Kunsterzeugung spezialisiert haben. Vielmehr ist sie Teil der ganzen Spannbreite der üblichen Tätigkeiten der Menschen und kommt der sozialen Gemeinschaft zugute, anstatt nur dem Ansehen und dem wirtschaftlichen Erfolg Einzelner zu dienen.

So unterschiedliche, moderne Erben des Marxismus wie Wright Mills oder André Gorz[2] haben unter Rückgriff auf diese Konzeption versucht, einen theoretischen Weg aus der Herrschaft der Arbeit zu einer frei bestimmten Tätigkeit aufzuzeigen. In seiner *Gesellschaft als imaginäre Institution*[3] deutet Cornelius Castoriadis sowohl das künstlerische Schaffen (»Praxis«) als auch die Wissensförderung (»Theorie«) ganz ähnlich als eine bewusste, aber von ihrer ganzen Anlage her ergebnisoffene Tätigkeit: Auch wenn sie eine spezifische Richtung hat, ist sie doch nicht völlig planbar. Insofern ist ihr Ziel nicht gänzlich vorbestimmt. »Der Künstler, der ein Werk beginnt, weiß [und weiß doch auch wieder nicht], was er sagen wird.« Dasselbe gilt für die Theorie, »die jedoch nicht für die Rationalität ihre[r] Grundlagen und Ergebnisse einstehen kann.«

Für diesen theoretischen Ansatz ist das künstlerische Schaffen der Fixpunkt, der auf eine bessere Welt verweist – eine Welt, in der das, was heute ein Privileg weniger ist, morgen schon allen zugute kommt – und der das eigentliche Wesen einer kreativen, rastlosen und zivilisatorischen Menschheit zu erkennen gibt. Die Kunstproduktion bildet zudem ein Instrument einer radikalen Sozial- und Wirtschaftskritik, insofern sich die realen Beschäftigungsformen danach bewerten lassen, inwieweit sie mit diesem Modell übereinstimmen oder – was öfter der Fall sein dürfte – inwiefern sie von ihm abweichen. In einem engeren kritischen Blickwinkel kann die heutige Form der künstlerischen Arbeit außerdem als unzureichend empfunden werden im Vergleich zu einer Situation, in der sie sich frei und ungezwungen in einer Gesellschaft entfaltet, ohne dass es zu einer Arbeitsteilung käme oder die Talente auf dem Markt ausgebeutet würden: Die Utopie einer Demokratie der Kreativität bietet vor allem Künstlern ausgiebig Gelegenheit, über das ständige Ungleichgewicht des Kultursektors in seiner jetzigen Form zu sinnieren, in der ein struktureller Überschuss an Arbeitsplatzbewerbern herrscht, die Unterbeschäftigung der in diesem Bereich Tätigen endemische Züge trägt und die Erfolgschancen, ja überhaupt die Möglichkeit, seine künstlerische Tätigkeit regelmäßig auszuüben, eine auffällige Ungleichverteilung aufweist.

---

2 A. Gorz, *Métamorphoses du travail*, Paris, Galilée, 1988, C. Wright Mills, *White Collar. The American Middle Classes*, New York, Oxford University Press, 1951.

3 Cornelius Castoriadis, *Gesellschaft als imaginäre Institution. Entwurf einer politischen Philosophie*, Frankfurt a.M., Suhrkamp, ²1997. Die leicht veränderten Zitate stammen aus der deutschen Ausgabe (S. 125 und 126) – Anm. d. Übers.

Allerdings führt die Würdigung, mit der Marx die schöpferische Arbeit bedenkt, gerade wegen ihrer Radikalität zu einem Paradox. Indem Marx aus der expressiven Arbeit ein Mittel der Selbstverwirklichung und damit auch eine Kritik an der entfremdeten Arbeit macht, schmälert er zwangsläufig einen der Grundwerte der Entwicklung der Kunstproduktion, bei der die Individuen und die Ergebnisse ihrer Arbeit sich stark voneinander unterscheiden, die Menschen sich mit ihrem Werk identifizieren und Außenstehende dessen Besonderheiten erkennen und zu würdigen wissen. Damit sollte zwar lediglich verhindert werden, dass ungleich verteilte Begabungen eine zu große Bedeutung gewinnen und zwischen den einzelnen Menschen Vergleiche angestellt werden, aus denen letztlich Konkurrenzsituationen, Rangordnungen und Spezialisierungen erwachsen müssen. Doch geht dies auf Kosten des grundlegenden Wertes der Originalität, so dass die historische Entwicklung der Kunst im Grunde nicht nachvollziehbar ist. Das expressivistische Modell unterstreicht die faktische Bedeutung der Arbeit – Walter Benjamin, Hannah Arendt und andere werden später darauf zurückkommen. Individuum und Differenzialisierung sollten allerdings eine größere Rolle spielen, als es Marx vermutet hatte.

In seiner Analyse der individuellen Werte Originalität, Authentizität und Aufrichtigkeit, wie sie in der europäischen Kultur im Anschluss an Rousseau und Herder im ausgehenden 18. Jahrhundert in der Konzeption des individuellen Ichs entstehen, zeigt Charles Taylor, wie dem Menschen nun eine bisher ungeahnte Form der Innerlichkeit zuteil wird: Die Individualität jedes Einzelnen gründet auf den besonderen Merkmalen seiner Persönlichkeit, die es vor der Nachahmung und der Beeinflussung anderer zu schützen gilt. Dadurch, dass jeder ein reflexives und bewusstes Verhältnis zu sich selbst pflegt, kann er die versteckten Tiefen seiner eigenen Persönlichkeit erkunden. Abgesehen von dieser reflexiven Kontrolle lässt sich durch das Authentizitätsgebot zudem die Originalität jeder Form der individuellen Existenz erkennen, die letztlich in einer Würdigung von Differenz und Vielfalt mündet: Idealerweise sollte die Selbstverwirklichung weder durch gesellschaftlichen Konformismus noch durch bestehende Ungleichheiten behindert werden, die den Blick auf den tatsächlichen Wert der individuellen Persönlichkeit und deren vollständiger Entfaltung verstellen. Auch wenn jeder in einer völlig eigenen Art und Weise Mensch ist, muss er sein Ich, das auf kein anderes bestehendes Modell reduzierbar ist, erst noch entdecken. Insofern ist hier der Bezug auf die Kunst und den Künstler als Modell zur Bestimmung des eigenen Ichs von zentraler Bedeutung.[4]

Wie lässt sich jedoch die expressive Emanzipation individuellen Verhaltens mit dem Leben in der Gesellschaft in Einklang bringen? Kann der Wert der Originalität selbst zu einer gesellschaftlichen Norm werden? Die Verbindung zwischen Authentizität, Originalität und Freiheit gerät unmittelbar in Konflikt mit den moralischen Konventionen und der Nutzordnung des modernen Lebens, d. h. dem technischen Forschritt, der maschinellen Industrialisierung, der Gestaltung der gesellschaftlichen Machtverhältnisse nach streng eingehaltenen Regeln und dem – auch demokratischen – Gesetz der Mehrheit. Wie kann angesichts eines Differenzprinzips, das auf individueller Authentizität beruht, überhaupt ein gesellschaftlicher Zusammenhalt hergestellt werden? Die Marxsche Lösung besteht im Grunde in einem undifferenzierten Individualismus, der sich selbst gleichgültig ist. Die Individuen dürfen nämlich auf keinen Fall Vergleiche untereinander anstellen oder Bewunderung bzw. Neid aufeinander empfinden. Dadurch würden nur die Unterschiede zwischen den Menschen zutage treten und bald Austausch- und Transaktionssituationen entstehen, die letztlich auf Wettbewerbsvorteilen aufbauen, die sich jeder zunutze machen könnte, um sich auf das zu spezialisieren, was die anderen weniger gut beherrschen oder weniger gerne tun. Daraus entspringt der Gedanke, dass sich die menschliche Gemeinschaft in einer kommunistischen Gesellschaft aus schöpferischen, nunmehr allwissenden und polyvalenten Individuen zusammensetzt, die alle Produzenten, in keinem Fall aber Konsumenten der expressiven Arbeit anderer sein dürfen. Hierin sieht G. A. Cohen einen zentralen Schwachpunkt der philosophischen Anthropologie von Karl Marx. Dieser sei blind für das Bedürfnis nach Selbstidentifikation und nach einem Bezug zu den Mitmen-

---

4 Seit 1800 etwa wird der Künstler »in gewisser Weise zum paradigmatischen Exemplar des Menschen, der als Handelnder eine originelle Definition seiner selbst anstrebt«, in: Charles Taylor, *Das Unbehagen an der* Moderne, Frankfurt a. M., Suhrkamp, 1995: 72.

schen, das die Voraussetzung dafür darstellt, dass eine gesellschaftliche Organisation einer Gemeinschaft überhaupt möglich wird.[5]

Die Kunst als Protest gegen den Kapitalismus

Die Frage, ob der Künstler in seinem Streben nach Originalität und Authentizität ein gesellschaftliches Modell darstellen könne, wurde in den Rechtfertigungen der kulturellen Moderne und der künstlerischen Avantgarden regelmäßig herangezogen, sobald sich die Künstler mit ihrem individualistischen Idealbild von den Idealvorstellungen des Bürgertums lossagten und ihre expressivistische Konzeption von Individualität auf dem Protestsockel des Antikonformismus und des Antikonservatismus aufbauten.

Der daraus entstehende Konflikt zwischen Kunst und Kapitalismus lässt sich von der Warte des Künstlers oder vom Standpunkt der Schlüsselfiguren der kapitalistischen Wirtschaft aus betrachten. In beiden Fällen geht es der Kritik darum, die zentralen Werte der beiden Welten voneinander zu trennen. Wenn man davon ausgeht, dass der Künstler im Besitz einer kritischen gesellschaftlichen Wahrheit ist, bedeutet dies, dass die verschiedenen Kunstsphären eine Ausnahmestellung einnehmen. Im Falle einer unverfälschten Kunstproduktion ist ihre Position am Rande der ökonomischen Austauschprozesse zu verorten. Sobald aber die Gründungsideale verloren gehen und sich die Mechanismen der kommerziellen Nutzbarmachung einschleichen, ordnet sich die Kunst den Marktgesetzen unter. Diese Argumentation entwickeln Adorno, Horkheimer und die Frankfurter Schule bereits in der Zwischenkriegszeit. Für sie entzieht sich wirkliche Kunst ihrem Wesen nach jedweder Domestizierung durch Markt bzw. politische Institutionen. Andererseits ist die Kunstproduktion jedoch Teil der sozialen und wirtschaftlichen Wechselbeziehungen in unseren Gesellschaften, in denen sie im Idealfall gegen die versklavenden Kräfte des Marktes protestiert und sei es auch nur, indem sie diese Kräfte gegen die Gesellschaften selbst wendet.

Folgt man Adorno, so zeigt sich die kritische Macht der modernen Kunst darin, dass sie die traditionellen ästhetischen Lösungen

5 G.A.Cohen, *Karl Marx's Theory of History*, Princeton, Princeton University Press, 2000.

ablehnt, die die gesellschaftlichen Widersprüche hinter einer scheinbaren Werkharmonie verbergen. Diese Macht kann jedoch nur negativ, in einer Kritik der ererbten Bedeutungen und Codes zum Ausdruck kommen, in dem Willen, mit der allzu glatten Dialektik zwischen Werkganzem und Werkteilen zu brechen (deren Entsprechung in der politischen Herrschaft der Bourgeoisie die Dialektik zwischen Gemein- und Partikularwohl ist). Das, was die herrschende Ideologie verbirgt, nämlich die wirtschaftlichen und gesellschaftlichen Krisenerscheinungen, die immer tiefer wirken und die kapitalistische Gesellschaft nach und nach ins Wanken bringen, kann ein authentisches Kunstwerk nur durch seine eigene schmerzhafte Zerrissenheit, sein Aufbegehren gegen seine eigenen Konventionen zum Ausdruck bringen. Dadurch entfernt es sich jedoch von den allgemeinen ästhetischen Wahrnehmungskategorien und verschanzt sich letztlich hinter seiner Protesthaltung. In den Irrwegen der modernen Kunst selbst zeigt sich die »Katastrophe«, zu der die Widersprüche des Kapitalismus führen. Stets läuft das Innovative Gefahr, sich gegenüber der Außenwelt abzuschotten, sich dem abstrakten Streben nach einer gesellschaftlich wirkungslosen Neuheit um jeden Preis hinzugeben. In der Tat versteht sich der Markt darauf, den Zyklus der Innovationen für sich zu nutzen. Deren Radikalität entzieht sich zwar zuerst der Vereinnahmung, wird jedoch im Laufe der Zeit durch die wirtschaftliche Verbreitung der Werke, die eine Zeitlang als provokant empfunden wurden, domestiziert.

In diesem Sinne erscheinen das um sich greifende Kulturmanagement und die Professionalisierung der Kunst Adorno als zwei sichere Wege, sie zu neutralisieren. Mehr noch: Während die westlichen Gesellschaften versuchen, der wirtschaftlichen Krisen und gesellschaftlichen Konflikte durch eine alles umfassende bürokratisch-technokratisch-planerische Organisation der menschlichen Aktivitäten Herr zu werden, wird die Verbreitung des Kulturkonsums, dem die Gesellschaft die Aufgaben der Unterhaltung und des individuellen Genusses zuweist, zu einem ideologischen Herrschaftsinstrument. Und während der Konservatismus der durch die Konsumgewohnheiten konditionierten und von der Kulturindustrie manipulierten Zuhörer und Zuschauer die progressiven Künstler in einer schmerzhaften gesellschaftlichen Isolierung gefangen hält, erscheint deren Außenseiterstellung der bürgerlichen Gesellschaft doch in einer Art und Weise gefährlich, dass sie sich um eine Neutralisierung ihrer Wirkung bemüht und das künstlerische Schaffen im Kulturmanagement zu absorbieren versucht.

Die Subtilitäten von Adornos dialektischer Argumentation sind geprägt von einem pessimistischen Grundton: Insofern das gesellschaftliche Wesensmerkmal des Kunstwerkes in seiner Autonomie zu suchen ist und diese Autonomie einen Protest gegen den Marktutilitarismus darstellt, gibt es im Grunde keinen Ausweg, sondern lediglich eine Art »Passion« – im Sinne einer Opferleistung – der wirklich innovativen Kunst.

Die Kunst und ihre zersetzende Wirkung auf den Kapitalismus

Ähnlich verbreitet ist ein Argument, das den Künsten einen zersetzenden Einfluss auf den Kapitalismus unterstellt. Vor allem Daniel Bell und seine *kulturellen Widersprüche des Kapitalismus* veranschaulichen diesen Standpunkt. Bell bemüht sich um den Nachweis, dass die Verbreitung einer hedonistischen und nihilistischen Kultur sich für die bürgerliche Gesellschaft als zerstörerisch erweist. Damit will er die von Max Weber mit seinem berühmten Aufsatz über die *Protestantische Ethik und den Geist des Kapitalismus* eingeleitete historische Soziologie fortsetzen. Weber hatte gezeigt, wie sich in der puritanischen Moral der Kult der individuellen Leistung, die durch gesellschaftlichen und wirtschaftlichen Erfolg entlohnt wird und damit bereits ein mögliches Seelenheil vorwegnimmt, in den Dienst der Expansion des Kapitalismus gestellt habe. Die aus der Kulturwelt stammenden Werte und vor allem das Ideal der Selbstverwirklichung ohne jedwede Bezugnahme auf die Gemeinschaft haben dagegen Daniel Bell zufolge die Entstehung eines hedonistischen Individualismus begünstigt, der nach und nach die Grundlagen des kapitalistischen Systems unterläuft. Während Marx die Bourgeoisie noch als eine Klasse betrachtete, die nicht existieren kann, »ohne die Produktionsinstrumente, also die Produktionsverhältnisse, also sämtliche gesellschaftlichen Verhältnisse fortwährend zu revolutionieren«,[6] bezieht sich Bell auf die Saint-Simonistische Konzeption der Avantgarde, der zufolge Unternehmer und Künstler von demselben Innovationsgeist erfüllt sind und damit gleichermaßen als voll-

6 Karl Marx/Friedrich Engels, *Manifest der kommunistischen Partei*, in: dies., *Werke: Mai 1846 – März 1848*, Bd. 4, Berlin Dietz: 465.

gültige historische Akteure betrachtet werden können. Was der Unternehmer und die bürgerliche Klasse allerdings im wirtschaftlichen Bereich fördern, bekämpfen sie auf dem Feld der Moral und der Kunst: Der für die Entwicklung des Wirtschaftsliberalismus notwendige Individualismus des Unternehmertums wird gefeiert, solange er pragmatisch und rationalistisch bleibt. In seiner expressiven und antirationalistischen Variante wird der Individualismus hingegen zu einem gefährlichen Ideal.

Bells Analyse erinnert an typische Aspekte der Theorie Émile Durkheims. Wenn Bell den kuriosen Umstand erklärt, dass die Bourgeoisie dem Rausch der Sinne hat verfallen können, ähnelt seine Interpretation der Durkheimschen Konzeption des Individuums als doppeltem Wesen, das einerseits von seinen Gelüsten getrieben wird und eine grenzenlose Fantasie besitzt und andererseits auf die Gemeinschaft und ihre Zwangsgewalt angewiesen ist, um sein Überleben zu sichern:

> Wenn man einen Blick in die Geschichte zurückwirft, dann stellt man fest, dass die bürgerliche Gesellschaft einen doppelten Ursprung und ein zweifaches Schicksal hatte. Eine Strömung bestand in einem puritanischen nationalrepublikanischen Kapitalismus; sie betonte nicht nur die Wirtschaftsaktivität, sondern legte auch Wert auf die Prägung eines bestimmten *Charakters* (Nüchternheit, Rechtschaffenheit, Arbeit als Berufung). Die andere Strömung vertrat einen weltlichen Hobbesianismus, einen radikalen Individualismus, der den Menschen als maßlos gierig verstand, als Menschen, dessen Begierden, im politischen Bereich durch einen Herrscher gezügelt, in Wirtschaft und Kultur freien Lauf hatten. Diese beiden Impulse hatten stets, zu einem nicht leicht zu führenden Gespann verkoppelt, nebeneinander bestanden. Im Laufe der Zeit lösten sich jene Beziehungen. Wie wir bereits gesehen haben, verkam der puritanische Standpunkt durch ständige Betonung der Idee der Respektabilität zu einer engstirnigen kleinstädtischen Mentalität. Der weltliche Hobbesianismus prägte die Triebkraft der Modernität, den Heißhunger nach unbegrenzter Erfahrung.[7]

7 Daniel Bell, *Die kulturellen Widersprüche des Kapitalismus*, Frankfurt a.M., Campus, 1991: 99.

Gerade weil die Wünsche der Individuen nicht mehr durch gesellschaftliche bzw. wirtschaftliche Zwänge oder durch ein Sparsamkeitsideal begrenzt werden, geraten die Menschen durch den hedonistischen Kult der unmittelbaren Bedürfnisbefriedigung in einen atemlosen Wettlauf nach Vergnügungen, die immer wieder erneuert und aufgrund ihrer geringen Dauerhaftigkeit immer sinnloser werden. Eine undifferenzierte Kreditvergabe ist in dieser Argumentation das Mittel schlechthin, das der protestantischen Ethik ihre Grundlage entzieht, insofern damit die materielle Befriedigung von der unmittelbaren Arbeitsleistung entkoppelt wird. So entsteht ein allgemeines Anspruchsdenken auf die Befriedigung von Bedürfnissen, die die kapitalistische Ordnung unablässig produziert, um eine auf Innovation, auf einer – wie es bei Schumpeter heißt – »schöpferischen Zerstörung« basierenden Produktionswirtschaft zu alimentieren. Überhöhung des Einzellebens, Rebellionskult, eine Antimoral der individuellen Emanzipation, eine Suche nach dem Triebhaften im persönlichen Verhalten und ganz allgemein eine Institutionalisierung des Lustprinzips sind Bell zufolge das Schicksal der bürgerlichen Gesellschaft. Durch den Triumph des individualistischen Prinzips, das im Künstler seinen vollendeten Ausdruck und im Antikonservatismus eine unermüdliche Antriebskraft findet, wird diese Gesellschaft in ihren Grundfesten erschüttert.

Sowohl bei Bell als auch bei Adorno erscheinen die Erfolge der Erneuerer und der Triumph der avantgardistischen Provokationen – allerdings aus völlig gegensätzlichen Gründen – als schädlich. Bei Bell schaden sie der kapitalistischen Gesellschaft, bei Adorno dagegen den wirklich innovativen Künstlern. In beiden Fällen ist jedoch die Frage nach dem gesellschaftlichen und politischen Einfluss der künstlerischen Innovation eine unüberwindbare Aporie. Natürlich kann sich der innovative Künstler auf den Standpunkt stellen, dass er gegen die herrschende Ordnung denselben revolutionären Kampf führt wie die beherrschten Klassen gegen die bürgerliche Ordnung. In Wahrheit lautet die Frage jedoch, welche Wirkung diese ästhetische Radikalität außerhalb der Kunst eigentlich entfaltet. Hat es die bürgerliche Gesellschaft denn etwa nicht verstanden, mit der kulturellen und künstlerischen Kritik an den gesellschaftlichen Herrschaftsverhältnisse nach und nach ihr Auskommen zu finden? Und ist ihr das nicht umso leichter gefallen, je mehr kritische und provozierende Innovationen es gab, so dass selbst die Protestkünstler in den Rang von Helden der Neuzeit erhoben wurden und nunmehr Museen und staatliche Ausstellungsräume schmücken, in Konzertsälen und bei Festivals auftreten?

Daran anschließend stellt sich die Frage, wie sich diese Innovation überhaupt organisieren lässt, welche Autonomie man einem Innovationssystem gewähren sollte, mit dem sich der Markt so sehr angefreundet hat, dass er daraus – zum Teil mit Unterstützung der öffentlichen Kulturverwaltung als Ersatz für eine private Nachfrage – den Motor seiner Entwicklung hat machen können. Der gesellschaftliche und ideologische Widerspruch geht aber noch tiefer: Dem Originalitätsprinzip zufolge muss sich ein Künstler um jeden Preis von den anderen unterscheiden. Dieses Gebot führt letztlich jedoch nur zu Konkurrenzsituationen, die der kapitalistischen Organisation der Märkte mit ihrem ständigen Profitstreben auf der Basis von Innovation und Vorteilen aus einer zeitweiligen Monopolstellung verdächtig ähnlich sind.

Die Kunst als Modell des Innovationsprinzips

Daher lässt sich eine vierte Antwort auf die Frage nach dem Vorbildcharakter der Künste formulieren. Diese Sichtweise teilen sehr unterschiedliche Autoren, die in den Künsten weniger einen utopischen Gegenentwurf als ein Effizienzmodell bzw. einen Hebel der Kritik sehen. Dazu zählen etwa postindustrielle Denker, die über den Horizont der Arbeitsteilung hinaussehen, Organisationstheoretiker und -praktiker, Ökonomen, die sich mit der Zukunft des Kapitalismus auseinander setzen, aber auch Zukunftsforscher, die ihre Dienste der Politik, den Unternehmen, internationalen Organisationen, ja selbst Gewerkschaften und antikapitalistischen Protestbewegungen antragen. Sie stellen die Kardinaltugenden von Innovation, Wissen, Lernfähigkeit und Motivation in den Mittelpunkt. Gesellschaftliche Bereiche wie etwa Kunst oder Wissenschaft, in denen die Kreativität oder deren konkrete Nutzung wie z. B. im Bildungssystem, in der technologischen Forschung und Entwicklung, in Kommunikation und Werbebranche einen zentralen Platz einnehmen, werden hier als ein Reservoir an Wissen, Lösungen, Leitfäden und Instrumenten beschrieben, die sich zum Teil auf andere Produktionssphären übertragen lassen, zum Teil diesen aber auch widersprechen. In ihrem Buch *Der neue Geist des Kapitalismus* haben

Boltanski und Chiapello[8] die wissenschaftlichen Argumente und Handlungsanleitungen für Manager ausgewertet, mit denen die zentralen Bestandteile der expressiven Arbeit, wie wir sie hier genannt haben, d. h. die Ideale Engagement, Selbstverwirklichung, persönliche Identifikation mit seiner Tätigkeit und Leistungsbereitschaft auf die gewöhnliche Arbeitswelt übertragen werden sollen. Weitgehend ungeklärt bleibt jedoch die Frage, ob es sich hier im Wesentlichen um eine ideologische Rechtfertigung neuer Ausbeutungsformen handelt, die dem Gebot einer höheren Arbeitsproduktivität gehorchen, oder ob diese neuen Ideale und Leitbilder mit systematischen Veränderungen der Definition und Organisation der Arbeitsprozesse und mit der Forderung nach einer unablässigen Revolution der Produktionsmittel und -verhältnisse verbunden sind.

Als Antwort darauf ließe sich sagen, dass die Singularität des Kultursektors gerade darin besteht, denkbar gegensätzliche Aspekte auf einen gemeinsamen Nenner zu bringen. Es dürfte wohl kaum einen anderen Wirtschaftssektor geben, der in demselben Maße besessen wäre von einer kurzlebigen und modischen, manchmal auch langfristigen, über Jahrzehnte bzw. Jahrhunderte bewunderten und stets neu kommentierten Innovation und der gleichzeitig all seine Produkte in Museen, riesigen Bibliotheken, persönlichen Sammlungen ehrfürchtig konserviert und die Kenntnisse und handwerklichen Fertigkeiten über mehrere Generationen hinweg bewahrt. Wo sonst gäbe es noch eine ähnlich offen spekulative Suche nach Talenten und eine gezielte Überproduktion von Werken, die quasi als Testballons in den ungewissen Himmel der Kritik und der Öffentlichkeit gelassen werden? In der gewöhnlichen Konsumwelt dürfte man vergebens nach Hitparaden suchen, mit denen zur Sondierung der Güternachfrage in einem Meer an Neuheiten und Neuerscheinungen die Vorlieben der Konsumenten in Zahlen gepresst und publikumswirksam inszeniert werden. Wo käme es sonst noch zu einer derart unerbittlichen Auslese der bewundernswerten oder auch nur verkaufsträchtigen Talente in Form von Kampfritualen, die durchaus mit Sportwettkämpfen zu vergleichen sind und deren Bewertungskriterien in ihrer Unvollständigkeit und unzureichenden Ko-

8 Luc Boltanski/Ève Chiapello, *Der neue Geist des Kapitalismus*, Konstanz, UVK, 2003.

difizierung leicht verdächtig erscheinen? Zu diesen Kampfritualen zählen nicht nur klassische Musikwettbewerbe oder Ausscheidungswettkämpfe für die Fernsehstars der Zukunft, sondern etwa auch Literaturpreise, die zumindest in Frankreich im September mit steter Regelmäßigkeit zu einer unaufhaltsamen Bücherschwemme führen. Dabei wird über die Aussichten der möglichen Kandidaten und die tatsächlichen Preisträger in einem feststehenden Ritual aus inszenierter Spannung, wechselseitigen Vorwürfen und Verwünschungen berichtet, während oftmals ironisch daran erinnert wird, dass hier Kontrahenten miteinander rivalisieren, deren Zahl sich in etwa umgekehrt proportional zur Zahl der potenziellen Leser entwickelt. In welchem anderen Sektor gäbe es eine derart reibungslos, wie ein perfekter Lotteriebetrieb funktionierende Talentbörse, deren offen zur Schau gestelltes Konkurrenzprinzip in einer seltsamen Kausalschleife zum Ausdruck kommt (je mehr Teilnehmer, desto größer der mögliche Gewinn, und je größer der mögliche Gewinn, desto mehr Teilnehmer)? Wo sonst wird derart unverkrampft der finanzielle Zugewinn durch eine Arbeit gefeiert, deren kreativer Gehalt eher auf persönliche Motivationen (des künstlerischen Ausdrucks, der Selbstverwirklichung usw.) zurückzuführen ist als auf äußere Beweggründe (Profit, Prestige, Ehrungen)? Wo werden ähnlich große professionelle Erfolgsungleichheiten toleriert oder gar zelebriert? Und wo gäbe es sonst noch eine derart komplizierte Organisation der individuellen und kollektiven Absicherung, bei der Versicherungsleistungen, finanzielle Opfer, Mehrfachbeschäftigung und eine Vergesellschaftung der Risiken ineinander greifen?

Im Laufe der Zeit hat sich der Kultursektor auf den Druck wirtschaftlicher Rentabilität und die Kriterien der Gewinnerwirtschaftung eingestellt und sie an die hier vorherrschenden Leitprinzipien angepasst. Das belegen etwa die bestehenden Organisationsformen, ein sowohl unternehmerisches und individualistisches als auch gemeinschaftsbezogenes Denken der Akteure oder auch die Finanzierungsmodalitäten. Dabei werden die Marktkräfte mit dem korrigierenden Voluntarismus der öffentlichen Hand und – in diesem aus strukturellen Gründen nicht selbsttragenden Sektor – dem Konkurrenzprinzip und den Reputationsrenten einer staatlich verwalteten Wirtschaft kombiniert. Gerade deswegen ist die Welt der Kunst so interessant. Sie basiert auf einer eigentümlichen Mischung aus Individualismus und Kommunitarismus. Einerseits bezieht sich das

Konkurrenzprinzip, das hier auf Originalität und Differenzierung aufbaut, immer dann auf das marktwirtschaftliche Risikomodell des Unternehmers bzw. Freiberuflers, wenn der Künstler auf eigene Kosten tätig wird. Bei kurzzeitigen Anstellungsverhältnissen, der Bildung und Auflösung von Arbeitsgemeinschaften, die über einen bestimmten Zeitraum an Kulturprojekten mitwirken, oder auch im Falle von Werkverträgen, wie sie im Verlags- und Pressewesen üblich sind und von den Autoren der *Intellos précaires*[9] beschrieben werden, verweist dieses Konkurrenzprinzip dagegen auf die Flexibilitätserfordernisse der befristeten Arbeitsmärkte, der Externalisierung und des Freelancing.

Andererseits sind die Ideale Engagement, Eigenverantwortlichkeit, persönliche Motivation, Anpassungsfähigkeit und Risikobereitschaft mit einer Evaluierung durch Außenstehende und einem reputationsbasierten Karrieremanagement verbunden. Dadurch werden die Künstlerberufe mit der Erwerbsgruppe der Freiberufler vergleichbar, in der gemeinschaftliche Regulierungssysteme – wie etwa eine Ethik (oder auch nur Rhetorik) der Uneigennützigkeit und des Gemeinnutzens – und eine Kontrolle weniger durch Aktionäre als durch die Mitglieder des eigenen Berufsstandes eine zentrale Rolle spielen. Dadurch, dass die künstlerische Produktion aufgrund ihres gesellschaftlichen Nutzens, der im Falle von universell gültigen Meisterwerken sogar der gesamten Menschheit zugute kommt, in den Stand eines (halb)öffentlichen Gutes erhoben wurde, sind auch Mechanismen zur Vergesellschaftung des Risikos der Kunstproduzenten entstanden. Diese reichen von staatlichen Finanzbeihilfen über (versicherungs)rechtliche Sonderbestimmungen zum Schutz der Kunstschaffenden bis hin zu atypischen Sicherungsformen von Beschäftigungsrisiken in manchen Ländern (wie der Arbeitslosenversicherung für darstellende Künstler in Frankreich) und dem Ausbau subventionierter Angestelltenverhältnisse (etwa eine künstlerische Lehrtätigkeit), die eine gewisse Einkommenssicherheit garantieren und mit der schöpferischen Arbeit kumulierbar sind.

Vor diesem Hintergrund sind die künstlerischen Tätigkeiten in dreierlei Hinsicht interessant: wegen ihrer Inhalte, der notwendigen

---

9 Anne Rambach/Marine Rambach, *Les Intellos précaires*, Paris, Fayard, 2001.

individuellen Einsatzbereitschaft und der vertraglichen Arbeitsorganisation. Dies lässt sich leicht anhand eines Problems nachweisen, das gerade in der Marxschen Kritik von grundlegender Bedeutung war, nämlich anhand der Frage nach der Arbeitsteilung, die entweder als Faktor von Fortschritt und Erfindung oder aber als ein die persönliche Selbstentfaltung hemmender Mechanismus betrachtet werden kann.

Eine merkwürdige Arbeitsteilung

Gemäß dem von Max Weber analysierten Rationalisierungsprozess durch Differenzierung der produktiven Lebensbereiche haben sich Kunst und Wissenschaft nach und nach autonomisiert. Dabei sind die Spezialisierung der Aktivitäten und deren Professionalisierung untrennbar miteinander verbunden. Der Künstler erwirbt die professionelle Identität eines Fachmannes. Seine Fertigkeiten und Kenntnisse kann er bei Verhandlungen und der Verwertung seiner Arbeitsleistungen geltend machen. Der Besitz einer Ausbildung kann ein entscheidendes Kriterium oder gar eine notwendige Voraussetzung zur Ausübung eines Künstlerberufes darstellen. Außerdem werden ihm dadurch Rechte zuteil (das geistige Eigentum verstärkt die Dynamik der Professionalisierung und der Emanzipierung von der Bevormundung durch einen Mäzen, von abhängigen Beschäftigungsverhältnissen bzw. Zünften). Die Geschichte der Kunst lässt sich insofern als eine Geschichte der Aufsplitterung der Künstlertätigkeiten in eine Vielzahl von Berufen und beruflichen Spezialisierungen schreiben, die die bestehenden Professionen komplettieren oder in Konkurrenz zu ihnen treten.

In dem Maße wie sich der Markt von Kulturgütern und -dienstleistungen vergrößert, der Kulturbetrieb expandiert und organisatorischen Wandlungsprozessen unterliegt, die Techniken weiterentwickelt werden und die ästhetischen Neuerungsprozesse einer Eigendynamik folgen, kommt es zu einer immer subtileren Spezialisierung und – innerhalb der unterschiedlichen Berufsgruppen – zu einer Diversifizierung der Berufsidentitäten und der miteinander konkurrierenden Kenntnisse: Dabei handelt es sich um eine horizontale, d. h. funktionale Arbeitsteilung auf der Grundlage einer spezifischen Kompetenz, durch die verschiedene, rechtlich voneinander abgegrenzte Spezialisierungsbereiche entstehen.[10] Allerdings wird die Ausübung einer Tätigkeit erst durch den Wettbewerb zwischen verschiedenen Berufsgruppen um die Kontrolle von Dienstleistungsmärkten – bisweilen besteht jedoch auch ein gesetzliches Monopol wie im Falle der geschützten und staatlich kontrollierten Berufsstände wie die der Architekten heute und der Auktionshäuser in früheren Zeiten – und durch die Triebkräfte der Austausch- und Kooperationsbeziehungen möglich: In seinen *Art Worlds* unterstreicht Howard Becker, wie selbst bei einer denkbar einsamen künstlerischen Tätigkeit, wie beispielsweise der eines Dichters, noch eine kooperative Mitwirkung der unterschiedlichsten Berufsgruppen erforderlich ist, ohne die ein Werk weder produziert oder vertrieben noch bewertet und konserviert werden könnte.[11] In der Film-, Theater- und Unterhaltungsindustrie wie ganz allgemein in all jenen Sektoren, die Neuerungen produzieren und konsumieren, entstehen unablässig neue Arbeitsgebiete, neue Berufsidentitäten, so dass folglich die Grenzen zwischen den bestehenden Berufsfeldern neu gezogen werden müssen. Diese zunehmende Spezialisierung der Aufgabenbereiche fördert die Diversifizierung und Erneuerung der Künste. Doch bleibt die Bewahrung eines nicht ungeteilten Arbeitsprozesses auch weiterhin ein zentraler Bestandteil und regulierendes Leitbild des Kunstschaffens. Im Übrigen würde man anderswo wohl vergebens eine ähnlich flexible Arbeitsorganisation wie im Kunstsektor suchen: In den Künstlerberufen und -arbeitsweisen finden sich unzählige Idiosynkrasien als Beleg dafür, dass die Künste trotz Spezialisierung einen organisatorischen Einfallsreichtum entfalten, der der klassischen Kritik an der Arbeitsteilung die Grundlage entzieht.

An dieser Arbeitsteilung sind verschiedene Berufsgruppen beteiligt. Diese befinden sich zueinander in einem wechselseitigen Abhängigkeitsverhältnis, das von Kooperation bis zu Konkurrenz und Konflikt reichen kann, diese Berufsgruppen aber keineswegs in einer direkten hierarchischen Ordnung festschreibt. Aufgrund ihrer jeweiligen Macht- und Prestigestellung sind etwa bildende Künstler,

10 Vgl. Andrew Abbott, *The System of Professions*, Chicago, University of Chicago Press, 1988.

11 Howard S. Becker, *Art Worlds*, Berkeley/Los Angeles, University of California Press, 1982.

Galeristen, Kunstkritiker und Museumskonservatoren in dieser Interdependenzkette, die die Produktion bzw. öffentliche Wertschätzung eines Werkes erst möglich machen, von unterschiedlicher Bedeutung. Niemals jedoch verstehen sie sich als explizit hierarchisierende Kontrollinstanzen.

Im Gegensatz dazu entstehen durch eine vertikale Arbeitsteilung Kontroll- und Überwachungsstrukturen, Autoritäts- und Hierarchiebeziehungen. Die Aufgabenteilung innerhalb eines Orchesters, einer Theatergruppe, eines Drehteams, einer TV-Produktionsgesellschaft oder eines Verlages beruht auf einer Differenzierung, die durch die Hierarchisierung von beruflichen Spezialisierungen unter der Führung eines Projektleiters entsteht. Bei einer stabilen und dauerhaften Organisation wie etwa im Falle eines Orchesters schlägt sich die Arbeitsteilung in einer graduellen Abstufung der Arbeitsplätze, -aufgaben, -eigenschaften und -kompetenzen sowie in einer Funktionshierarchie nieder, die von der Konzeption über die Ausführung bis hin zu den Zuarbeitern aus dem Umfeld reicht. Im Wesentlichen erfolgen die künstlerischen Tätigkeiten heute jedoch entweder in projektbezogenen Organisationen oder in Mischformen aus einer festen Organisation und einer Vielzahl an zusätzlichen, zeitlich befristeten oder regelmäßigen Vertragsbeziehungen mit Selbstständigen, die Arbeitsteams bilden, welche bei Bedarf wieder aufgelöst werden können. Damit beraubt sich eine vertikale Arbeitsteilung dauerhafter, Disziplin garantierender Kontroll- und Überwachungsstrukturen, während eine stärkere Individualisierung der Arbeitsbeziehungen jedem einzelnen Mitarbeiter mehr Autonomie und Eigenverantwortlichkeit gewährt. Diese Entwicklung wird von den beiden charakteristischen Parametern des projektbezogenen Arbeitens, nämlich der geringen Zahl an Mitarbeitern in den Arbeitsteams und der großen Vielfalt der hier vertretenen Berufsgruppen, zusätzlich gefördert, zwei Faktoren, die zu einer Individualisierung der Arbeits- und Kompetenzleistungen beitragen.[12] Andererseits sorgt die Autonomie, die als eine der zentralen Voraussetzungen für

12 Die zunehmende Arbeitsteilung und individuelle Anerkennung der einzelnen Arbeitsleistungen lässt sich in besonders anschaulicher Weise daran ablesen, dass die Abspanne der Kinofilme und die Liste der beteiligten und anerkannten Berufsfeldern immer länger werden. Auch bei der Produktion von Büchern erscheinen die Namen der diversen Mitarbeiter.

die Wertschätzung der Arbeitsleistung und die positive Identifizierung mit einem Beruf und einem atypischen Beschäftigungssystem verstanden werden kann, nicht nur für einen größeren Freiraum als in klassischen Angestelltenverhältnissen. Je nach Reputationsgewinnen oder -verlusten bieten sich den Berufstätigen hier Vor- bzw. Nachteile, die sich unmittelbar auf die Beschäftigungs-, Wiedereinstellungs- und Aufstiegschancen in den Kooptationsnetzen niederschlagen.

Wenn man nun die verschiedenen Dimensionen der Arbeitsteilung in der Zusammenschau betrachtet, lässt sich besser verstehen, wie zwei völlig gegensätzliche Ideale bei der Organisation der künstlerischen Arbeit nebeneinander bestehen können: Einerseits herrscht hier eine starke Identifikation mit klar individualisierbaren Berufen, andererseits eine nicht minder große Ungleichheit bei der Karriereplanung, da hier die beruflichen Laufbahnen in keiner Weise dem gewöhnlichen Muster einer Karriere mit Beförderung innerhalb einer Angestelltenhierarchie auf einem unternehmensinternen Arbeitsmarkt ähneln. Bei den möglichen Erklärungen, warum die Künstlerberufe so attraktiv sind, sollte vor allem dieses Miteinander von Individualismus und Risiko ins Blickfeld treten. Damit lässt sich nicht nur die Situation der freien und einsam vor sich hin arbeitenden Künstler beschreiben, sondern auch die Lage von Erwerbstätigen, die in projektförmigen Arbeitsteams beschäftigt werden. Die starke Identifikation mit einer Berufsgemeinschaft speist sich gerade aus diesen Werten, wobei hier weniger die Integration in eine homogene Arbeitsgemeinschaft als eine vernetzte Organisation der Arbeitsbeziehungen von Belang ist.

Ein letztes Puzzlestück bietet uns vielleicht den Schlüssel zu dieser geteilten, individualisierenden und inegalitären Organisation der Kreativarbeit. Wie Richard Caves in seiner ökonomischen Analyse der *Creative Industries* zeigt, entfalten zwei Mechanismen ihre gegensätzliche Wirkung, sobald bei einer Arbeitstätigkeit eine schöpferische Komponente mit hineinspielt.[13] Im Vorhinein lassen sich nur sehr schwer die Eigenschaften bestimmen, die den Wert, d. h.

Dasselbe gilt für Ausstellungen, bei denen die verschiedenen Kommissare, Raumgestalter, Beleuchter usw. erwähnt werden.

13 Richard Caves, *Creative Industries*, Cambridge, Harvard University Press, 2000.

die Originalität, die Einfallsgabe, die Einzigartigkeit des Kunstschaffenden und der Arbeit an seinem Werk ausmachen. Von zwei Künstlern mit identischem Ausbildungsweg und vergleichbaren gesellschaftlichen, wirtschaftlichen und kulturellen Ressourcen macht der eine vielleicht eine viel glänzendere Karriere als der andere. Zur Erklärung dieser divergierenden Karriereverläufe wird gewöhnlich reflexartig auf eine unterschiedlich große Begabung verwiesen. Doch ist mit einer solchen Erklärung noch nicht viel gewonnen. Einer der Gründe, warum eine Erklärung unter Rückgriff auf die gewöhnlichen Qualitäten der Arbeitsleistung scheitert, hat damit zu tun, dass sich eine Begabung in unendlichen Schattierungen äußern kann. Ihre Größe und ihr Wert, d. h. die Spezifizierung und der Preis der Originalität, variieren je nach Epoche. Andererseits wird aber die Künstlerarbeit in ihren kreativen Aspekten sehr wohl von Differenzierungsprozessen angetrieben, die nicht mittels vollständig definierbarer Regeln erfasst werden können. Zwar beinhaltet die Kreativarbeit auch konventionelle Elemente, überprüfbare Kenntnisse und Fertigkeiten, mit deren Hilfe man mehr oder weniger kundige Virtuosen voneinander unterscheiden kann. Doch erhält man dadurch nicht den letzten Schlüssel zu einem besseren Verständnis einer Differenzierung, die alle Blicke auf sich zieht: Um die relative Bedeutung der einzelnen Komponenten des Schöpfungsaktes zu bestimmen, heißt es entweder, dass bei gleicher handwerklicher Meisterschaft zweier Komponisten beispielsweise, die sich alle gängigen Kompositionstechniken angeeignet haben, der eine durch seine Originalität brilliere, während der andere nichts weiter sei als ein Meister des Komponierhandwerks. Oder aber man stellt sich schlicht auf den Standpunkt, dass alle ästhetischen Normbrüche, die von einem Originalitätsimperativ diktiert werden, möglich und legitimierbar sind, auch und gerade wenn sie die ererbten Kenntnisse und Techniken entwerten und durch nihilistische, abweichende, provozierende oder auch hybride Innovationen ersetzen. Die Arbeiten Marcel Duchamps waren hier sicherlich der Auslöser dafür, dass die handwerklichen Fertigkeiten des Künstlers im Namen eines individuellen Originalitätsprinzips in Frage gestellt wurden.

Allerdings bieten nicht alle künstlerischen Bereiche und Berufe dasselbe Differenzierungspotenzial: Ein Dichter, der so gut wie keinen ökonomischen Zwängen unterliegt, oder der Maler in seinem Atelier haben eine deutlich größere Gestaltungsfreiheit als ein Filmregisseur. In den unterschiedlichen künstlerischen Gebieten genießt der Produzent eines Kunstwerkes eine größere Freiheit als dessen Interpret bzw. ein einfacher Mitarbeiter (der Komponist von nichtfunktionalen Werken hat mehr Freiräume als der Komponist von Filmmusik, der Regisseur ist freier als sein Kameramann, der Solopianist nicht so frei wie der Komponist, aber freier als die zweite Geige usw.). Der Zugewinn durch Originalität und das jeweilige Differenzierungsvermögen variieren je nachdem, wie die Kompetenzen und die schöpferische Fantasie bewertet werden.

Andererseits werden angesichts unendlicher Differenzierungsprozesse immer wieder Vergleiche zwischen einzelnen Werken und Talenten angestellt, um die Vorlieben der Kritiker, der jeweiligen Kunstexperten, der Verbraucher, der Produzenten, der Unternehmer und auch der Künstler selbst auf der Suche nach einer fruchtbaren Zusammenarbeit zu beurteilen, zu klassifizieren, auszuwählen und zu beeinflussen. Auch wenn sich zwei Künstler beispielsweise in ihren künstlerischen Ausdrucksmöglichkeiten und ihrer Erfindungsgabe radikal unterscheiden, werden sie miteinander verglichen und rücksichtslos in eine Rangordnung gepresst. Ein solches Vorgehen ist umso verwunderlicher, als sich ihre Arbeit und ihr Werk gerade wegen ihrer völlig unterschiedlichen Anlage im Grunde nicht mit genau denselben Maßstäben bewerten lassen. Und doch ergibt sich daraus eine Klassifizierung nach anerkannten und weniger anerkannten Schauspielern, nach künstlerisch anspruchsvollen Filmen und so genannten B-Movies und auch eine etwas feinere Skalierung der Maler in einzelne Bewertungsklassen.

Anstelle einer einfachen Arbeitsteilung, auf der Marx seinen Prozess der entfremdeten Arbeit gründete, sind bei der expressiven Arbeit unterschiedliche Dimensionen eines Phänomens zu beobachten, das sich im Sinne einer horizontalen Differenzierung und Individualisierung, darüber hinaus aber auch im Sinne eines vertikalen Vergleichens und ungleicher Skalierungen auswirkt. Daran anknüpfend stellt sich die alles entscheidende Frage, ob Differenzierung und Individualisierung das Zeichen eines Autonomisierungsprozesses der künstlerischen Sphäre sind oder ob sie nicht doch vielmehr ihre Auflösung durch die zersetzenden Kräfte der kapitalistischen Marktwirtschaft ankündigen. Im ersten Fall könnten die Künstler – genauso wie die Wissenschaftler – eine Reihe von Berufskompetenzen für sich geltend machen, damit eine stärkere Absicherung durch den Wohlfahrtsstaat als Garant des öffentlichen Kulturgutes aushandeln und die Besonderheiten ihrer Berufswelt als ein bedenkenswertes Modell präsentieren, das sich vielleicht auch auf andere Bereiche übertragen ließe. Im zweiten Fall wäre es nur das Schmierentheater einer Pseudodifferenzierung, die Vorspiegelung einer falschen Originalität, eine Manipulierung der Kriterien der Innovation, eine Banalisierung einer Dialektik, die passgenau auf die Methoden der marktwirtschaftlichen Produktverwertung auf der Basis kurzer Modezyklen abgestimmt wäre.

Kreativität und Fortschritt

Die Wirtschaftsentwicklung in den innovationsfreudigsten Gesellschaften und deren langfristig positiver Wachstumspfad ist eng mit den wissenschaftlich-technologischen Fortschritten verbunden. Insofern drängt sich die Frage auf, ob, wenn man den Beitrag des künstlerischen und kulturellen Schaffens für die wirtschaftliche und gesellschaftliche Entwicklung eines Landes bestimmen will, die Entwicklung in den Künsten mit einem ähnlichen Fortschrittsprinzip gleichgesetzt werden muss. Ob ein solches Fortschrittsmodell aber überhaupt auf die Kunst übertragbar ist, ist nicht unumstritten. Eine sehr eingängige Art, wie sich der Wert einer künstlerischen Spezialisierung überprüfen lässt, bestand eine Zeitlang darin, dass man – wie es etwa die Avantgarden systematisch taten – Neuheit einfach mit progressiver Moderne gleichsetzte. Dadurch rückte die künstlerische Erneuerung jedoch in die Nähe einer teleologischen Definition der ästhetischen Entwicklung, die die Künstlergemeinschaft nachhaltig spaltet und für eine Oppositionsbildung innerhalb der Künste selbst sorgt: Sind die experimentellen Künste oder Ästhetiken von ihrer Anlage her den weiter gefassten Kunstpraktiken und jenen künstlerischen Ausdrucksformen überlegen, die quasi als Seismographen die gesellschaftlichen Empfindungen und Leidenschaften aufzeichnen, prägen und selbst verbreiten? Um die konstitutiven Ambivalenzen der künstlerischen Neuerungen und Fortschritte zu erkennen, erweist sich Baudelaire als zuverlässiger Wegweiser, wenn er verkündet: »Die Modernität ist das Vorübergehende, das Flüchtige, das Zufällige, die eine Hälfte der Kunst: ihre andere Hälfte ist das Ewige und das Unwandelbare«.

Einer der wesentlichen Unterschiede gegenüber der Wissenschaft hat gerade damit zu tun, dass sich das Neue eines Kunstwerkes nicht daran bemessen lässt, ob und inwieweit es ältere Kenntnisse oder Technologien zur Lösung eines bekannten oder auch unbekannten Problems bereichert oder gar ersetzt. Außerdem gibt es zu den Strukturen der selektiven Akkumulation und Destruktion von Kenntnissen und der freien Übernahme neuer Ideen keine exakte Entsprechung in den Künsten. Und schließlich entstehen aus einer wissenschaftlichen Arbeit nur auf Umwegen Produkte für ein Laienpublikum, da ihre Entwicklung in keiner Weise auf dem Erfolg ihrer Erfindungen bei einem fachfremden Publikum basiert. Demgegenüber bewegt sich die Kunstproduktion trotz vielfältiger möglicher Beziehungen zwischen Angebot und Nachfrage je nach Sektor und Kunstwerk in einem Produktions- und Konsumptionsraum mit einem potenziell unbegrenzten Zielpublikum. Die Gesamtheit der Kultur- und Kunstproduktion bildet im Unterschied zu den aufeinander aufbauenden wissenschaftlich-technologischen Kenntnissen eine Art Sammelbecken und macht aus einem Werk eine dauerhafte Fundstelle zur ästhetischen Befriedigung, zumindest wenn es zum Repertoire der Vorlieben, Geschmäcker und Interessen der Fachwelt, der Mittlerinstanzen und der Verbraucher gehört. Im Grunde handelt es sich beim wissenschaftlich-technologischen Wissen um ein Intermediärgut, von dem Nebenprodukte, patentierbare Erfindungen, neue Waren und Dienstleistungen abgeleitet werden können, während das Kunstwerk als Verdichtung einer schöpferischen Eingebung ein Produkt für den Endverbraucher darstellt, da die Zuschauer, Leser, Musikliebhaber oder Kinogänger direkt mit ihm in Berührung kommen.

Dennoch besteht eine der Besonderheiten des Kunstwerkes gerade darin, dass es diese Unterscheidung zum Teil aufhebt, insofern es zeitlich ungebunden ist, ein Wertpotenzial (im Sinne eines ästhetischen, aber auch finanziellen Anlagewerts bzw. Kulturwerts lokaler bzw. nationaler Einheiten) besitzt und – zumindest solange die Institutionen zur Bewahrung und Darstellung von Kulturerzeugnissen, das Wissensumfeld und die kognitiven Instrumente zur Dekodierung des Kunstwerkes dieses am Leben erhalten – einen unbegrenzten Fluss ästhetischer Genüsse bietet, der vor einer Veralterung geschützt ist.

Ein schwer wiegendes Argument zugunsten der Differenz bleibt davon jedoch unberührt: Das Kunstwerk verkörpert eine Individualisierung in Reinform, während das wissenschaftliche Arbeiten eine Reduktion des Individuellen impliziert.[14] Das ist ein erstaunliches Faktum: Wie kommt es, dass dieser souveräne Individualitätsanspruch im künstlerischen Schaffen eine universelle Dimension erhält? Und unter welchen Bedingungen bietet eine derart ausgeprägte Ungleichheit der individuellen Leistungen, von denen der Kanon der künstlerischen Werte zeugt, ein legitimierbares Modell für einen Leistungs- und Talentwettstreit? So lautet das Rätsel, das im Folgenden gelöst werden soll, um die wirtschaftlichen Voraussetzungen der Innovation offen zu legen und die gesellschaftlichen Bedingungen zu analysieren, die ihre Entfaltung erst ermöglichen.

14 Wir verweisen an dieser Stelle nur sehr kurz auf die Arbeiten von Gilles-Gaston Granger, *Essai d'une philosophie du style*, Paris, Armand Colin, 1968.

KAPITEL II: Die Inszenierung spektakulärer Ungleichheiten

In Kunst, Theater und Film herrschen genau wie im Sport ganz erhebliche Erfolgs- und Gehaltsungleichheiten, die eine große Faszination ausüben, gesellschaftlich akzeptiert sind und gleichzeitig ostentativ zur Schau gestellt werden. Dank einer apologetischen Berichterstattung rücken die Erfolgsperspektiven im Talentroulette zwangsläufig in ein positives Licht. Mittels Hitparaden, Bestsellerlisten, Gehaltschroniken, Bestenranking der Kino- und Popstars, ritualisierter Literaturpreisvergaben, Wertebörsen, der medialen Aufbereitung der zu Höchstpreisen ersteigerten Kunstwerke sowie regelmäßiger Berichte über die Großverdiener in der Medienwelt werden derart geförderte Ungleichheiten wie in keinem anderen Wirtschaftszweig als normal erachtet und zelebriert. Diese harmlosen Messinstrumente, mit denen Talente und die Höhe ihrer Vergütung einer Wertung unterzogen werden, suggerieren einen faszinierenden, märchenhaften Aufstieg und bieten damit eine apologetische Rechtfertigung für eine Konkurrenz zwischen den Individuen, die schon erstaunlich ist.

Es klingt wie die ewig gleiche Litanei: Die astronomischen Gagen der Stars, der Kampf um die begehrten Literaturpreise mit den dazu gehörigen Prestige- und Profitperspektiven und die Kunstspekulation sind ein fester Bestandteil des Kulturmarktes, während die Kritik daran von jeher ein ambivalentes Schattendasein fristete. Trotzdem muss auf diesen Märkten rational und innovativ gehandelt werden, um die ungewissen Erfolgsperspektiven zu reduzieren. Die Informationen über den Wert und das Image eines Gutes bzw. eines Künstlers, die den Verbrauchern anhand bezifferbarer Gewinne und Verkaufszahlen vermittelt werden, werden mittels immer komplizierterer Instrumente erhoben. Auf den betroffenen Märkten soll damit die Talentbewertung möglichst unmittelbar in eine Erfolgsbörse verwandelt werden. Neben dem Konsumverhalten lassen sich dann gleichzeitig die persönlichen Präferenzen, der Einfluss der kritischen Informationsquellen (Presse, Mund-zu-Mund-Propaganda,

Peergroups) und das Nachahmungsverhalten ablesen, das auf den Informationen über den Erfolg und den voraussichtlichen Wert eines Gutes gründet, während parallel dazu erkennbar wird, was Keynes in seiner Analyse von Schönheitswettbewerben beschrieben hat, nämlich dass der beste Kandidat dadurch bestimmt wird, dass man die voraussichtliche Zahl der Stimmen der Mitbewerber antizipiert.

Die Instrumente, mit denen die Kosten der Talentjagd und die Ungewissheiten bei der Innovationskonkurrenz reduziert werden sollen, betreffen beide Aspekte des Marktes. Auf der Angebotsseite gilt es, talentierte Individuen zu entdecken und die Karrieren der künftigen Künstler zu planen: Diese Maßnahmen ähneln den Investitionen und den Verfahren der Forschungs- und Entwicklungsabteilungen, die auf allen Produktionsmärkten ein Schlüsselfaktor bei der Wirtschaftskonkurrenz zwischen den Unternehmen darstellen, wobei im Übrigen – man denke nur an den Begriff der »Entwicklung« eines Unterhaltungskünstlers – zum Teil auf dasselbe Vokabular zurückgegriffen wird. Auf der Nachfrageseite geht es darum, möglichst viele Kanäle zur Kundeninformation zu nutzen, damit die zu verkaufenden Waren, die ja untereinander unendlich differenziert und in ihrer Einzigartigkeit nur schwer zu erfassen sind, solange man nicht selbst in ihren Genuss gekommen ist (erst wenn das Gut »konsumiert« wurde, erkennt der Verbraucher seinen wahren Gehalt und empfindet tatsächlich den erhofften Konsumgenuss), ein klares und wertsteigerndes Image bekommen. Insofern besteht das Ziel der Kommunikations- und Bewerbungstechniken, die das Image und die Attraktivität eines Gutes prägen sollen, darin, möglichst marktgerechte Produktformeln und wirtschaftlich rentable »Künstlerkonzepte« auszuarbeiten, sie auf spezifische Marktsegmente zuzuschneiden, die Nachfrageentwicklungen zu analysieren, die veränderten Vorlieben bzw. Erwartungen zu erkennen und möglichst viele Kommunikationskanäle zu nutzen. Dazu bedarf es sowohl einer vertikalen Informationspolitik (Expertenkritik, Presseempfehlungen) bzw. persuasiver Werbestrategien als auch horizontaler Informationssysteme, die durch Beziehungsnetzwerke bzw. durch geschickt in der Stadtlandschaft verstreute Signale aktiviert werden (das so genannte Buzz-Marketing, d. h. eine gezielte Strategie einer künstlich ausgelösten Mundpropaganda).

Die zwei Triebkräfte spektakulärer Ungleichheiten

Bei einer traditionellen Analyse der ungleichen Verteilung von Erwerbseinkommen, Kompetenzen und Talenten lassen sich zwei Argumentationsstränge unterscheiden, die sich jedoch nicht gegenseitig ausschließen. Der erste Argumentationsstrang betrifft die individuellen Investitionen in die Basisausbildung und den späteren, für das Berufsleben nützlichen Erwerb von Kenntnissen und kognitiven, physischen, psychologischen und sozialen Ressourcen. Am systematischsten wurde diese Analyserichtung von der ökonomischen Humankapitaltheorie ausgearbeitet.

Der zweite Argumentationsstrang entstammt der soziologischen Schichtungstheorie und nimmt unmittelbar die gesellschaftliche Stellung, die Berufe und die Funktion in den Organisationshierarchien in den Blick. Dabei werden jeder sozialen Stellung und jedem Beruf bestimmte Charakteristika und notwendige Kompetenzen zugewiesen, deren sozialer und wirtschaftlicher Wert je nach Knappheit und je nach Art der Zusammenarbeit zwischen den verschiedenen Mitarbeitern unterschiedlich bemessen wird. Aus dem Grad der Knappheit ergibt sich eine vertikale Schichtung der Kompetenzen und Leistungen, was zu einer Klassifizierung der unterschiedlichen Arbeitseigenschaften auf der Grundlage eines gesellschaftlichen und wirtschaftlichen Nachfragefaktors führt: Eine außergewöhnliche Begabung wird bewundert und immer dann, wenn eine wirtschaftliche Wertschöpfung möglich ist, zumindest so lange mit einer beträchtlichen Gewinnspanne ausgenutzt, wie sie von einer hinreichend großen Zahl an zahlungsbereiten Menschen nachgefragt wird.

Zudem kommt es vor, dass bei einer gemeinschaftlichen Arbeitstätigkeit ein begabter Mitarbeiter zum Erfolg einer kollektiven Tätigkeit einen überdurchschnittlich großen Beitrag leistet, der proportional höher ist als das, was ihn allein von den Kompetenzen her von seinen Arbeitskollegen unterscheidet. Wenn man hier besonders die horizontale Dimension der Talentnutzung veranschlagt, so lässt sich sagen, dass sein Talent einen »zusätzlichen« Produktionsfaktor darstellt, dass es für sich allein genommen einen mächtigen Motor für Erfolg und Prestige eines Arbeitsteams bildet: Einem Forschungslabor, in dem ein international anerkannter Wissenschaftler tätig ist, bieten sich ungleich bessere Entwicklungsperspektiven als einem Arbeitsteam, in dem hervorragende Forscher arbeiten, deren individuelle Leistungen einfach addiert werden. Wenn in anderen Berufsfeldern die erforderlichen Qualitäten einen »additionellen« Faktor darstellen, hat dies umgekehrt damit zu tun, dass ihr gesellschaftlicher und wirtschaftlicher Wert homogener ist. Selbst ein außergewöhnliches Können der Ausübung eines Berufes oder auf einem bestimmten Arbeitsgebiet innerhalb eines Unternehmens würde einer Berufsgruppe oder einer Organisation wohl kaum ein beträchtliches Sozialprestige bzw. eine dominante Stellung bescheren: Hier ist die Summe der individuellen Leistungen an einer gemeinschaftlichen Aktivität ausschlaggebend: Ein außergewöhnlicher Mathematiklehrer reicht allein nicht für den guten Ruf eines Gymnasiums.[15]

Trotz möglicher Berührungspunkte unterscheiden sich diese beiden analytischen Ansätze jedoch stark voneinander: Bei einer kapitalbasierten Argumentation (das Modell des Humankapitals) bestimmen Quantität und Qualität der Bildungsinvestitionen weitgehend den Einkommenshorizont der Individuen. Da es sich bei den attraktivsten Posten in der Regel um Arbeitsplätze mit hohem Qualifikationsniveau handelt, besitzen die am stärksten nachgefragten Kompetenzen einen hohen Marktwert und sichern den Individuen, die eine besonders prestigeträchtige Ausbildung durchlaufen haben, substanzielle Vorteile. Im Allgemeinen erklärt eine solche Argumentation die Einkommensungleichheiten jedoch nur zu einem Drittel. Nur schwerlich lässt sich damit erklären, warum die Ungleichheiten innerhalb einer Erwerbskategorie zunehmen und die Karrierewege von Arbeitnehmern, die über ein vergleichbares Humankapital verfügen, zum Teil sehr unterschiedlich verlaufen. Selbst wenn in das Erklärungsmodell Faktoren wie Wirtschaftsbranche, geografische Lage oder Unternehmensgröße miteinbezogen werden, bleiben die Gründe für diese Schieflage größtenteils im Dunkeln. Deswegen müssen auch die Charakteristika der Beschäftigungs- und Berufs-

---

15 Vgl. Arthur Stinchcombe, »Some Empirical Consequences of the Davis-Moore Theory of Stratification«, in: *Stratifration and Organization*, Cambridge, Cambridge University Press, 1986; David Jacobs, »Toward a Theory of Mobility and Behavior in Organizations«, in: American Journal of Sociology 87 (1981): 684–707; Frank Baron/David Kreps, *Strategic Human Resources*, New York, John Wiley & Sons, 1999.

positionen detailliert untersucht und darauf hin geprüft werden, in welchem Maße eine mehr oder weniger gute Abstimmung zwischen den individuellen Eigenschaften (die durch Ausbildung und Abschlüsse nur unzureichend zum Ausdruck kommen) und den Besonderheiten der jeweiligen Tätigkeit (Aufgabenspektrum, Arbeitsumfeld, die Besonderheiten der Teamarbeit, Konkurrenzstrukturen im jeweiligen Arbeitsmarktsegment) die Ungleichheiten beeinflusst. Daher werden beispielsweise aus der Signalling- und der Job-Matching-Theorie andere Argumente herangezogen, bei denen die Vielfalt der im Arbeitsprozess beanspruchten Eigenschaften in den Blickpunkt rückt. Demnach bietet der Erwerb eines Abschlusses seinem Besitzer vor allem die Möglichkeit, potenziellen Arbeitgebern zu signalisieren, dass er über Qualitäten verfüge, die langfristig entscheidender sein werden als das im Rahmen der ursprünglichen Ausbildung erlernte Wissen.

Wenn man nun den Bereich der Kreativtätigkeiten betrachtet, so lassen sich daraus mehrere Schlüsse ziehen. Zum einen veranschaulichen die Ungleichheiten im Kunstsektor mit Nachdruck, wie Arbeitsleistungen anhand von Talentkriterien bewertet werden, und sie illustrieren, wie daraus eine Dynamik entsteht, in deren Zuge die Erfolgsungleichheiten in ihrer Legitimität völlig unangreifbar werden. Daran ändert auch die Tatsache nichts, dass gerade die Kulturschaffenden die sozialen Ungerechtigkeiten und zerstörerischen Innovationen des Kapitalismus, der jede Art Wert in sein marktwirtschaftliches Evaluierungskorsett zwängt, mit Sorge betrachten. Zum anderen gewinnt in allen Arbeitsgebieten und auf den verschiedenen Ebenen der Arbeitsqualifikationen zunehmend eine Logik die Oberhand, die Talente und Kompetenzen definiert und anschließend einer Bewertung unterzieht und damit das in Kunst und Sport vorherrschende Konkurrenzmodell exportiert.

Wie Ungleichheiten entstehen und legitimiert werden

Ein Markt, auf dem das Konkurrenzprinzip nicht nur akzeptiert, sondern – ein reiner und vollkommener Wettbewerb einmal vorausgesetzt – sogar ausdrücklich gefördert wird und auf dem die Karriereungleichheiten völlig unverkrampft zur Schau gestellt und dazu benutzt werden, eine Faszination zu schüren, ohne dass sich jemand über die Monopolisierung der Gewinne empören würde, ist der Traum jedes Kapitalisten. In einem originellen und viel diskutierten Essay haben Robert Frank und Philip Cook beschrieben, wie nach dem Vorbild der Talentbewertung und der Reputationsentlohnung in Kunst und Sport immer mehr *Winner-take-all*-Märkte entstehen, auf denen jene, die eine Zeitlang als die Talentiertesten angesehen werden, in Journalismus, Verlagswesen, Mode, Design, in den Anwalts- und Arztberufen, in Consulting, Finanzstrategie, Unternehmensmanagement, politischer Kommunikationsberatung, Werbewelt oder auch in Universität und Forschung den Löwenanteil der Gewinne einfahren.[16]

Durch die Globalisierung der Märkte verbreiten sich die Erfolgsnachrichten in all diesen Berufswelten ausgesprochen schnell, so dass hier (Mega)Talentbörsen entstehen. Dieser internationale Trend spiegelt sich aber auch im nationalen Rahmen, wo herausragende Leistungen nachgefragt und wie bei einem Glücksspiel vergütet werden: Der Löwenanteil fällt jenen zu, die besonders hoch im Kurs stehen, während die Übrigen mit einer ungleich abgestuften Verteilung der Gewinne vorlieb nehmen müssen, die nicht unbedingt das unterschiedliche Leistungsvermögen widerspiegelt. Hier zeigt sich nicht allein eine Zunahme der Ungleichheiten zwischen verschiedenen Berufskategorien, sondern auch eine Scherenentwicklung innerhalb ein und derselben Berufskategorie.[17]

In einem Artikel, der sich mit dem Phänomen der Superstars und den eklatanten Profitungleichheiten in Kunst, Wissenschaft und Freiberuflertum befasst, hat Sherwin Rosen eine Erklärung für diese Frage vorgelegt, die von Adam Smith bis hin zu Alfred Marshall und Milton Friedman die Wirtschaftswissenschaften schon seit lan-

---

16 Robert Frank/Philip Cook, *The Winner-Take-All Society*, New York, The Free Press, 1995. Ein kritischer Überblick findet sich in: Tyler Cowen, *What Price Fame?*, Cambridge, Harvard University Press, 2000.

17 Vgl. in diesem Zusammenhang Daniel Cohen, *Richesse du monde, pauvreté des nations*, Paris, Flammarion, 1997. In seinem Buch mit dem Titel *l'Égalité des possibles* (Paris, Le Seuil/La République des Idées, 2002) weist Éric Maurin darauf hin, dass sich diese Ungleichheiten zudem dahingehend auswirken, dass sich die Verbindung zwischen Gehalt und Betriebszugehörigkeitsdauer lockert.

gem beschäftigt.[18] Diesen allzu individualistischen Analyserahmen erweitert ein anderer Ansatz, der zeigt, dass es hier zu selektiven Partnerschaften zwischen Erwerbstätigen mit ähnlichem Qualifikations- bzw. Reputationsniveau kommt. Im Folgenden sollen diese beiden komplementären Ansätze zur Erklärung jener Ungleichheiten kurz skizziert werden, die bei einer gewöhnlichen Analyse der individuellen Ressourcen, die mit der sozialen Herkunft und den erworbenen Qualifikationen zu tun haben, sonst im Dunkeln bleiben. In diesem Zusammenhang lässt sich dann auch das Paradox auflösen, dass die aus dieser unterschiedlichen Ressourcenausstattung resultierenden Erfolgsungleichheiten nicht nur akzeptiert bzw. toleriert, sondern allgemein bewundert und gewünscht werden.

Auf Märkten, auf denen die Güter stark ausdifferenziert sind, Originalität einen großen Eigenwert besitzt und Dienstleistungen ein hohes Kompetenzniveau voraussetzen, können noch so kleine Qualitätsunterschiede die Präferenz- und Entscheidungsbildung besonders stark beeinflussen: Bei gleichem Preis entscheidet man sich bei einem Konzertbesuch, dem Kauf einer CD oder dem Besuch eines Arztes oder eines Anwalts im Sinne einer optimalen Nutzenabwägung für den talentiertesten Spezialisten. Außerdem scheint die Qualitätsnachfrage so unelastisch zu sein[19], dass besonders talentierte Produzenten sowohl von einem hohen Verkaufspreis als auch von einer stärkeren Nachfrage profitieren, zumindest solange es ihnen gelingt, die wachsende Nachfrage zu befriedigen, ohne dass darunter die relative Qualität der Dienstleistung bzw. des angebotenen Produktes leidet. Die intensive Nutzung der Reproduktions- und Kommunikationstechnologien bietet einem angesehenen Künstler die Möglichkeit, durch den weltweiten Vertrieb seiner Musik, Filme oder Romane zeitgleich einen riesigen Markt zu beliefern. Wenn ein Gut allerdings nicht reproduzierbar ist oder eine Leistung

18 Sherwin Rosen, »The Economics of Superstars«, in: American Economic Review 75 (1981): 845–858.

19 Wenn die Konsumenten dazu bereit sind, ihre Ausgaben beim Kauf eines qualitativ hochwertigeren Gutes bzw. einer Dienstleistung überproportional zu erhöhen, kann ein Künstler oder ein sonstiger Spezialist zu einem gegebenen Preis viel mehr Menschen als seine weniger begabten Konkurrenten – bei höheren Preisen zumindest ein ebenso großes Publikum wie seine Rivalen ansprechen oder sich durch eine gestaffelte Preispolitik für eine Mischlösung entscheiden.

lediglich im Rahmen einer Liveveranstaltung erbracht werden kann, erhöht der Kulturproduzent bei starker Nachfrage seinen Arbeitsrhythmus. Eine andere Möglichkeit besteht darin, dass den künftigen Profis auf einem Arbeitsmarkt mit hohen Kompetenzanforderungen ab einem bestimmten Investitionsniveau in Ausbildung und Kapital eine Berufswahl in einem Sektor nahe gelegt wird, in der die Nachfrage möglichst stabil und die finanziellen und symbolischen Gewinnaussichten als Folge von Arbeitsleistung und Einfallsreichtum besonders einträglich sind.

Dieses Erklärungsmodell wäre allerdings nicht sonderlich originell, wenn es lediglich nachweisen würde, dass sich der Ertrag, der mit einer bestimmten Begabung erzielt werden kann, durch eine Marktausdehnung über die Medien, Kommunikationstechnologien, die räumliche Mobilität der Künstler und Konsumenten und eine Internationalisierung der Karrieren und Austauschprozesse der Eliten vervielfachen lässt. Rosen zeigt vielmehr, wie ab einer bestimmten Schwelle qualitativer Selektion selbst eine kaum sichtbare Talentdifferenz zwischen Profis, die sich ständigen Leistungsvergleichen unterziehen müssen, ausreichen kann, um all jenen, die anerkanntermaßen zumindest einen kleinen Talentvorsprung besitzen, einen überproportionalen Nachfrageschub zu bescheren. Sie erringen dadurch ein Prestige und Beschäftigungschancen, die ihre Position in der monopolistischen Konkurrenz nur noch verstärken:[20]

20 S. Rosens Modell basiert auf einer Analyse des Nachfrageverhaltens, die auch die unvollkommene Substitution der hoch qualifizierten Erwerbspersonen in Sektoren mit berücksichtigt, in denen die Güter- bzw. Dienstleistungsdifferenzierung vor allem über die Qualität erfolgt. Dazu muss allerdings das Nachfrageverhalten so mobil sein, dass es sich durch die berücksichtigten Variablen bestimmen lässt. In diesem Modell wird dies dadurch garantiert, dass der Aufbau von Reputationen und der Erwerb von Großgewinnen in einer Wettbewerbssituation erfolgen. An dieser Stelle kann die Antwort auf die Frage nicht näher untersucht werden, wie sich die Wahrnehmung von Qualitätsunterschieden ausbildet, ob nun durch unmittelbare Erfahrung, durch die Übernahme der Beurteilungen der Meinungsmacher, durch informelle Bewertungsformen in sozialen Netzwerken, durch einfache Nachahmungsprozesse usw. Es genügt, dass die Mechanismen, mit denen Talente entdeckt und bewertet werden und Reputationen entstehen, nicht von einem einzigen Akteur (Meinungsgruppe, lokaler Mäzen, gesellschaftliche Gruppierung usw.)

Sobald dieser Prozess erst einmal eingesetzt hat, werden innerhalb der geografischen Grenzen der Talentvermarktung, die durch die Vertriebstechnologien und die Internationalisierung der Kulturmärkte erheblich ausgedehnt wurden, die Gewinne, die letztlich auf einen mehr oder weniger kleinen ursprünglichen Wettbewerbsvorteil zurückgehen, potenziert.

Der erste Faktor, der bei der Herausbildung eklatanter Ungleichheiten eine Rolle spielt, betrifft also eine spezifische Situation, in der Künstler oder andere hoch qualifizierte Profis durch ihre individuellen Handlungen, in unmittelbarer Interaktion mit dem Markt und ohne sichtbare Partner miteinander konkurrieren, um die Nachfrage auf sich zu lenken. Doch bei ihrer Arbeit, der Herstellung und dem Vertrieb ihrer Produkte sind sie gewöhnlich mehr oder weniger dauerhaft an eine Organisation (Orchester, Schauspieltruppe, Filmproduktionsteam usw.) oder vertraglich an ein Mittlerunternehmen (Literaturverlag, Plattenfirma, Kunstgalerie etc.) gebunden, das für die materielle Produktvervielfältigung zuständig ist bzw. ein Werk in Umlauf bringt und dem Markt überhaupt erst zugänglich macht. Hier greift nun der zweite Faktor, durch den Ungleichheiten entstehen: Zu einer möglichst intensiven wirtschaftlichen Verwertung eines Talents müssen ähnlich begabte Profis aus anderen Berufssparten, die für die Produktion und Verbreitung der Werke ebenfalls notwendig sind, an seiner Seite arbeiten: Ein angesehener Filmregisseur wird beispielsweise versuchen, sich in bestimmten Schlüsselpositionen (Kamera, Drehbuch, Schnitt, Musik usw.) die Dienste ausgewiesener Fachleute zu sichern, während ein Verleger seinen erfahrensten Mitarbeiter mit der Aufgabe betraut, die begabtesten oder viel versprechendsten Autoren des Hauses zu betreuen. Auf den Künstlerarbeitsmärkten werden labile Organisationsstrukturen (Netz, Projekt, vertikale Desintegration) durch Arbeitsteams ergänzt, die sich durch die Kooptation zwischen Profis ähnlicher Güte und vergleichbarer Reputation oder – um es noch eingängiger zu formulieren – durch eine Art selektive Anpaarung, d. h. durch eine Selektion von Gleich zu Gleich bilden: So wie sich der Heiratsmarkt nach den Schwerkraftgesetzen der Homogamie ordnet, strukturieren sich die Märkte für hoch qualifizierte Beschäftigung nach kom-

kontrolliert werden, damit die Talentdifferenzen vor dem Hintergrund von Ungewissheit und strategischen Wechselspielen beurteilt werden.

plementären Berufskompetenzen. Vergleichbare Talente arbeiten zusammen an Projekten oder in Organisationen, die dadurch Profit erzielen wollen, dass sie Mitarbeiter zusammenschließen, die auf ihrem jeweiligen Fachgebiet einen ähnlichen Ruf genießen. Damit lassen sich die Produktivität der Kompetenzen jedes einzelnen Mitarbeiters potenzieren und die Erfolgs- und Gewinnaussichten steigern. Eine erfolgreiche Karrieredynamik entspricht einer ansteigenden Mobilität in einer Welt, deren Schichtung auf vernetzten Beziehungs- und Kollaborationsgeflechten beruht.[21]

Wenn nun ein Arbeitsteam oder eine Organisation kooptativ durch eine Selektion der Mitarbeiter nach Wert und Reputation gebildet wird, müssen sich die Ungleichheiten zwischen den Mitgliedern einer Berufsgruppe zwangsläufig verschärfen: Dadurch, dass sich Talent und selektive Teambildung wechselseitig verstärken, erreichen die Einkünfte in den oberen Talent- und Kompetenzsegmenten astronomische Höhen und die Einkommensunterschiede

---

21 Auf das Prinzip einer Selektion von Mitarbeitern vergleichbarer Qualifikation und Reputation und das zugrunde liegende Modell der O-Rings Production (benannt nach einem fehlerhaften Dichtungsring der Raumfähre Challenger, deren Explosion kurz nach dem Start die Verantwortlichen zu einer Überprüfung der internen Organisation der NASA veranlasste), das von Michael Kremer (»The O-Rings Theory of Economic Development«, in: Quaterly Journal of Economics, 1993, 108: 551–575) und in Frankreich von D. Cohen in seinem originellen Buch *Richesse du monde, pauvretés des nations* (op. cit.) untersucht wurde, war zuvor bereits in Analysen zur Organisation der Kinoproduktionen und in Forschungsarbeiten über die Rolle der Künstleragenturen für die Projektplanung in Film und Fernsehen hingewiesen worden. Robert Faulkner hat beispielsweise gezeigt, wie regelmäßige Kollaborationsstrukturen den Arbeitsmarkt in Hollywood stark segmentiert haben: Was die zentralen Arbeitsbereiche bei einer Filmproduktion betrifft, so hat sich hier ein starkes Netz wechselseitiger Abhängigkeiten zwischen Filmprofis vergleichbarer Reputation herauskristallisiert sowie eine Stratifizierung beruflicher Partnerbeziehungen abhängig von dem jeweiligen Erfolg in den unterschiedlichen Fachgebieten. Vgl. R. Faulkner, *Music On Demand*, New Brunswick, Transaction Books, 1983; R. Faulkner et A. Anderson, »Short-Term Projects and Emergent Careers: Evidence from Hollywood«, in: American Journal of Sociology 92 (1987): 879–909; W. und D. Bielby, »Organizational Mediation of Project-Based Labor Markets: Talent Agencies and the Careers of Screenwriters«, in: American Sociological Review 64 (1999): 64–85.

innerhalb einer einzigen Berufskategorie klaffen weiter auseinander, während zumindest der klassischen Theorie zufolge die Ungleichverteilung von Einkommen und Beschäftigungschancen eigentlich auf den Unterschieden zwischen verschiedenen Kategorien beruhen sollte.

Vor allem auf Beschäftigungsmärkten wie etwa der Kunst, wo die Maßstäbe zur Beurteilung von Qualität und Wert der Kompetenzen nicht offensichtlich sind, entfalten diese beiden Inegalitätsfaktoren, d. h. die noch so geringen Talentunterschiede gepaart mit einer Berufsselektion nach vergleichbarer Qualifikation und Reputation, ihr ganzes Ungleichheitspotenzial. Schon seit langem herrscht in der Kunst eine Praxis, die andere Segmente des qualifizierten Arbeitsmarktes heute übernehmen, um die Produktivität ihrer hoch qualifizierten Mitarbeiter zu steigern: Der Wert der Individuen wird nach dem Erfolg der Projekte bemessen, an denen sie zuletzt beteiligt waren; Mittlerunternehmen – Künstleragenturen bzw. Arbeitsvermittlungen – kümmern sich um die Suche nach geeigneten Mitarbeitern; die Reputationsbewertung ist einem ständigen Konkurrenzdruck ausgesetzt, weil immer wieder neue Talente, die vielleicht einmal das Zeug haben, das Publikum in ihren Bann zu schlagen und die unablässig wechselnde Nachfrage nach neuen Berufsidentitäten zu befriedigen, auf den Markt strömen und die Quelle neuer Kandidaten um öffentlichen Ruhm nie versiegen lassen. Auf den besonders großen und unsicheren Kulturmärkten (Kino, Fernsehfilm, Popmusik, Unterhaltungsliteratur) mit ihrer besonders fieberhaften Talentspekulation sind dauerhafte Reputationen im Vergleich zu den kurzlebigen Erfolgsgeschichten eine seltene Ausnahme.

Zwei gegensätzliche Kräfte sind hier also am Werk, die dem System gemeinsam sein labiles Gleichgewicht geben. Einerseits gehorcht die Projektarbeit in kurzzeitigen Arbeitsteams einer notwendigen, singularisierenden Differenzierung der Produkte und Dienstleistungen. Dabei stützt sie sich auf eine kurzfristige, stets veränderbare und aktualisierte Bewertung des Leistungsvermögens der Bewerber um Schlüsselpositionen, die von dem Erfolg der Projekte abhängt, an denen diese zuvor mitgewirkt haben. Ein derartiges Organisations- und Bewertungsprinzip sorgt jedoch nicht selten für eine große Instabilität. Die einzelnen Komponenten, die eine Handlung erst erfolgreich machen, sind äußerst schwierig zu dosieren, weil hier immer auch der Faktor Zufall mit hineinspielt. Es ist stets problematisch, einem der beteiligten Hauptakteure die Verantwortung für das Gelingen oder Scheitern eines Projektes zuzuweisen, weil der Beitrag jedes Einzelnen zum Gesamtresultat letztlich nicht exakt bemessen werden kann. Trotzdem dienen die Signale, die von einem erfolgreichen oder misslungenen Projekt ausgehen, den Produzenten als Informationsbasis für die Evaluierung der verfügbaren Talente. Andererseits wäre jedoch ein derart wechselhafter Arbeitsmarkt ohne stabilisierende Strukturen weder steuerbar noch überhaupt erträglich: Die Fachkräfte, die dem Konkurrenzdruck standhalten, müssen ihre Qualitäten und Kompetenzen der Tyrannei kurzfristiger Planungen zum Trotz, mit dem Ziel einer differenzierten Ausbildung und Berufserfahrung, die überhaupt erst zu einer Karriere befähigen, weiterentwickeln können. Die Reputation ist sowohl ein akkumulierbares Kapital, das seinen Besitzer in den Stand versetzt, Einfluss auf die Projekte zu nehmen und sich seine Arbeitsteams auszusuchen, ein notwendiges Signal für den Verbraucher, der von dem Inhalt eines Werkes keinerlei Kenntnis haben kann, solange er sich nicht selbst damit auseinander gesetzt hat, als auch ein Qualitätsnachweis, auf den sich die Berufsgemeinschaft (Unternehmer und Arbeitnehmer) bei der Planung von Projekten beziehen, um das unternehmerische Risiko zu reduzieren. Daraus erklärt sich das unentwirrbare Neben- und Miteinander von Individualismus, dichten interindividuellen Beziehungsgeflechten und vielfältigen Vermittlungsinstanzen: Die Konkurrenzsituation auf einem fragmentierten Arbeitsmarkt passt sich der notwendigen Talent- und Werkdifferenzierung an und führt zu einer Individualisierung der Beschäftigungssituationen und -ressourcen; die Beziehungsnetze zwischen den Individuen bieten als Ausgleich dazu den organisatorischen Rahmen, durch den die individuelle Bildung von Arbeitsteams gefördert und die notwendigen Informationen über die Arbeitsplätze und die Kompetenzen der Bewerber übermittelt werden; um die Vermittlung kümmern sich neben den Künstleragenturen auch die Arbeitgeber, die Informationen und Evaluierungen hinsichtlich der Kompetenzen der verfügbaren Künstler austauschen, sowie die Künstler selbst, die für Nachwuchskräfte ein gutes Wort einlegen, über Kooptation Kollegen in ihr Arbeitsteam holen und die Aufgabe der kollektiven Organisation ihrer Tätigkeiten übernehmen.

Insofern lässt sich mit Fug und Recht behaupten, dass es – zumindest für die besonders begehrten und exponierten Arbeitsstellen –

wohl keine stärker nuancierte Hierarchisierung geben dürfte als eine Bewertung nach persönlichem Prestige, keine ungleichere Logik als die der Paarbildung nach vergleichbarem Qualitäts- und Reputationsniveau und nichts, was eine subtilere Anziehungskraft ausstrahlen würde als eine Berufssphäre, in der ein Innovationsprinzip, das auf Unsicherheit beruht, und ein Risikomanagement, das diese Unsicherheit reduziert, einen schmalen Grat bilden zwischen einer Konsolidierung der Reputationsrenten und deren ständiger Infragestellung durch Neuankömmlinge. Dass dieselben Regeln der individuellen Karriereplanung für alle Künstler gelten, egal welchen Platz sie in einer derart offen stratifizierten Berufswelt einnehmen, bildet zudem ein mächtiges und widersprüchliches Bindeglied trotz der tiefen Gräben, die zwischen erfolgreichen und weniger erfolgreichen Karrieren verlaufen und die von den Märkten der Kulturindustrie mit Bedacht ausgeschlachtet werden. Dadurch, dass in einer Welt der Kunst, die – die bildenden Künste sind der beste Beweis dafür – einem ständigen Innovationszyklus unterliegt, die Evaluationskriterien verhältnismäßig unbestimmt und nicht unbedingt von Dauer sind, entfaltet die Originalitätsnorm eine besondere Wirkungsmacht. Im Anschluss an Vincent Descombes kann man sich daher die Frage stellen, was geschieht, wenn jeder einzelne Künstler gezwungen ist, unbedingt seine Originalität unter Beweis zu stellen. Bereits die Analysen Baudelaires lassen an Klarheit nichts zu wünschen übrig: Die Individualität des künstlerischen Schöpfungsaktes ist demnach in sich widersprüchlich, weil nur wenige Künstler auf eine erfolgreiche Individualisierung mit ihren drei Aspekten – Autonomie, Selbstverwirklichung, öffentliche Anerkennung – hoffen können. Die Mehrzahl dürfte dagegen unter dem Druck des Originalitätsdiktats vorwiegend mit dem »Chaos einer anstrengenden und fruchtlosen Freiheit« konfrontiert sein. Eine der Widersprüchlichkeiten, die für die Konkurrenzsituation zwischen Künstlern charakteristisch ist, besteht zudem darin, dass viele Künstler in ihrem Bemühen um Singularität in die Falle einer entfremdenden Bewunderung für ihre innovativeren Mitstreiter geraten, deren Vorbild sie einerseits stimuliert, andererseits aber auch erstickt.[22]

---

22 Vincent Descombes zufolge lässt sich im Anschluss an Baudelaire erkennen, welcher »Preis für die Glorifizierung des Individuums zu bezahlen ist. In einem holistischen Kunstsystem ist die Originalität der Lösungen

Um diesem Wettstreit und dem Profit, den er verspricht, nicht seine Grundlage zu entziehen, muss es genügend unbestimmbare Gründe dafür geben, dass manche Künstler mit einer mangelnden Erfindungsgabe geschlagen sind, andere hingegen nicht. Die Konkurrenzsituation muss nämlich, um aus jeder Form der Innovation Profit zu ziehen, aus den ungleichen Erfolgen eine Dynamik beziehen, die Bewunderung und eine beschleunigte Begeisterung für kurzlebige Neuheiten weckt. Folglich stellt sich die Frage, wie die ungleichen Karriereverläufe der Künstler interpretiert werden können. Dabei gelangt man schnell zu urgründlichen Erklärungen, die auf eine (un)gleiche Talentverteilung oder aber auf das System der wirtschaftlichen Verwertungskette verweisen. Sind die Ungleichheiten das Ergebnis verblendeter Konsumenten, die in ihren Präferenzen von einflussreichen Kulturunternehmern fremdbestimmt werden bzw. – einer weniger zynisch-verschwörerischen Annahme zufolge – durch das Selektionsprinzip der Wettkämpfe und Konkurrenzsituationen geprägt sind, die bestimmten Kandidaten und Talenten entgegenkommen, ihre Begabungen im Grunde erst aufdecken und letztlich alle anderen Mitbewerber aus dem Feld schlagen? Oder sind diese Ungleichheiten – ganz unabhängig von den Determinanten, die letztlich diese Hierarchie begründen – nicht vielmehr doch ein getreues Abbild einer objektiven Hierarchie rivalisierender Talente? Oder lassen sie sich – wie es etwa das Modell der Superstars nahe legt – durch ein künstliches Aufbauschen im

für die künstlerischen Probleme kollektiver Natur. In einem individualistischen System hingegen ist es die Aufgabe jedes Einzelnen, eine bisher noch ungeahnte Lösung für Probleme zu bieten, die aufgrund der »unendlichen Unterteilung des Gebietes der Kunst« immer schwieriger zu finden sind. Baudelaire ist sich bewusst, dass die Glorifizierung des Individuums bei den allermeisten für »Zweifel« und »Fantasiearmut« sorgt. Die meisten Menschen sind nämlich nicht zu einer persönlichen Originalität in der Lage und müssen sich daher mit einer entliehenen Originalität abfinden. In Ermangelung eines mächtigen kollektiven Stils sind die meisten Künstler letztlich zu einer faden Nachahmung gezwungen. Sie sind die *singes de l'art*, nachäffende Künstler. Zwar leiden sie nicht mehr unter der legitimen Herrschaft des Meisters einer Schule, doch unterliegen sie der empörenden Herrschaft einer mächtigeren Persönlichkeit« (V. Descombes, *Proust. Philosophie du roman*, Paris, Minuit, 1987: 142–143).

Grunde begrenzter Talentdifferenzen mittels moderner Technologien und einer geschickt gerührten Werbetrommel erklären? Von der Antwort auf diese Fragen hängt letztlich ab, welche Vorstellung man von der Gemeinschaft der Künstler gewinnt und darüber hinaus welche kollektiven Ideale mit dem Imperativ einer in hohem Maße individuellen Selbstverwirklichung überhaupt vereinbar sind.

Die Grundlagen legitimierbarer Ungleichheiten

Damit die Leistung und die Qualität der Arbeiter überhaupt Gegenstand einer Bewertung werden kann, die zu derart eklatanten Ungleichheiten führt, müssen mehrere Voraussetzungen erfüllt sein.[23] Zum einen dürfen die Leistung des Kulturschaffenden bzw. die Qualität der Marktware nicht absolut, d. h. in Bezug auf eine stabile, im Vorfeld festgesetzte Norm, bewertet werden, sondern vielmehr relativ, d. h. im Vergleich und in direkter Konkurrenz mit anderen Werken oder Kontrahenten: Den Wirtschaftsbereichen, in denen das Modell des *winner takes it all*-Marktes dominiert und für Schwindel erregende, symbolische und materielle Ungleichheiten sorgt, liegen besonders reine Konkurrenzformen zugrunde: Ausscheidungen, Duelle, Kampfrituale, direkte Leistungsvergleiche anhand desselben Prüfungsrepertoires (was sowohl für Sportwettkämpfe als auch Kunstwettbewerbe gilt, wie etwa für Opernsänger oder virtuose Instrumentalisten mit ihrem jeweiligen Vorspielrepertoire) bzw. Vergleiche zwischen unterschiedlichen Werken, aus denen sich angesichts eines schnellen und massiven Verbrauchervotums unmittelbar eine Bestenliste erstellen lässt.

Darüber hinaus muss eine Arbeit, Dienstleistung oder Ware jedoch auch für sich genommen betrachtet und identifiziert werden können. Bei einer im Wesentlichen selbstständigen und einsamen Beschäftigung bzw. einer nachweisbar individuellen Leistung ist dies weiter nicht problematisch. Anders verhält es sich jedoch, wenn es sich um eine Mitarbeit im Rahmen eines Gemeinschaftsprojekts

23 An dieser Stelle sei ausdrücklich meinem Kollegen und ausgezeichnetem Kenner der ökonomischen Analyse sozialer Ungleichheiten, Alain Trannoy (EHESS), für seine wertvollen Hinweise gedankt.

handelt. Wenn schon nicht jede einzelne Leistung für den künstlerischen bzw. kommerziellen Erfolg eines Projekts genau beziffert werden kann, müssen zumindest Leistung und Leistungserbringer als solche erwähnt werden, damit ein Teil der Verantwortung für den Erfolg (oder Misserfolg) eines Projektes auf sie zurückfällt: Es ist das wirtschaftliche und juristische Prinzip des individuellen Leistungsnachweises, das hier notwendig ist, damit eine enge Verbindung zwischen dem Projektziel und der eigentlichen Seele des Projekts, d. h. dem Mitarbeiterteam, entsteht. Da die Mitglieder nach Abschluss eines Projektes wieder ihre eigenen Wege gehen, müssen die Leistungen und Beiträge jedes Einzelnen in individuellen Leistungsregistern aufgezeichnet und kapitalisiert werden, selbst wenn der genaue Wert der einzelnen Leistung im Guten wie im Schlechten letztlich mit der globalen Beurteilung des Gesamtresultats zusammenfällt.

Außerdem muss es zwischen den Individuen regelmäßig zu Leistungsvergleichen kommen, mit denen Talente gesichtet und Reputationen aufgebaut oder zerstört werden. Nur so lässt sich verhindern, dass ein renommierter Künstler in eine rentenähnliche Position gelangt und unangreifbare Privilegien und Garantien genießt. Zudem werden durch den Wettbewerb die Aufstiegschancen immer wieder neu verteilt, selbst wenn all jene, die bereits einmal erfolgreich waren – ein Künstler, sein Agent, sein Verleger, seine Plattenfirma, die Kritiker, die ihn entdeckt und bekannt gemacht haben –, diesen Erfolg zu bewahren und folglich auch die Mittel zu kontrollieren versuchen, die den Erfolg einst gesichert hatten. Im Unterschied zu einer planbaren Karriere innerhalb eines Unternehmens ist die ständige Erfolgsungewissheit eine zentrale Voraussetzung dieser Reputationsmärkte. Nur so lässt sich die Innovation stimulieren, die Kreativität der Arbeit sichern, ohne dass Konkurrenten oder neue Mitbewerber entmutigt werden. Um dauerhaft einer Beschäftigung mit ungewissem Ausgang, ungewissen Zukunftsperspektiven und instabilen Marktpositionen nachzugehen, besteht eines der gängigsten Mittel darin, sein Engagement auf diesen wettbewerbsintensiven, vom Urteil des Massenkonsums abhängigen und damit umso wechselhafteren Reputationsmärkten an Berufe oder Organisationen zu knüpfen, die verlässlichere Karrierewege bieten. Dabei handelt es sich um das Modell der individuellen Risikodeckung in innovativen Berufssparten durch eine Zusatzbeschäftigung in einkommenssicheren Berufsfeldern. Darauf wird im Folgenden noch zurückzukommen sein.

Die Talente hätten allerdings kein so hohes Gehalt, wenn die jeweiligen Berufe nicht eine Nachfrage auf sich konzentrieren würden, die sehr empfänglich ist für eine Qualitätsdifferenz zwischen den Besten und all jenen, die in den Leistungsvergleichen weniger gut abschneiden. Unabhängig davon, ob der Talentmarkt nun sehr groß (kulturelle Massenindustrie) oder im Gegenteil hoch spezialisiert ist (Finanzexperten, Anwälte, hoch spezialisierte Ärzte usw.), muss es nur hinreichend viele Konsumenten geben, die ein Gut erwerben oder sich die Dienste eines Spezialisten sichern wollen, damit sich ein erheblicher Anteil der Nachfrage auf diese Elite konzentriert. Sollte es sich um ein einzigartiges Gut handeln, kann es gar zu einer direkten Konkurrenz kommen, wie etwa bei der Versteigerung von Kunstwerken oder dem Erwerb von Rechten zur Veröffentlichung eines Romans bzw. Verfilmung eines Drehbuches.

Nicht-finanzielle Argumente für ein Künstlerleben

Angesichts der vorstehenden Ausführungen wird nun leichter verständlich, wie die ungewissen Erfolgsaussichten einerseits zu einem hohen Sozialprestige der Künstlerberufe und zu einer magischen Anziehung einer Arbeitstätigkeit beitragen, die zu einer Art Paradigma der freien, an keinerlei Routine gebundenen Arbeit mit – ihrem Ideal nach – hohem Selbstverwirklichungsgehalt geworden ist, und wie daraus andererseits beträchtliche Ungleichheiten zwischen den Erfolgreichen und den weniger Erfolgreichen auf der Bekanntheitspyramide entstehen.

Von Beginn der Wirtschaftswissenschaften an, schon mit Adam Smith, wurde der Wunsch, in attraktiven, aber hochgradig riskanten Berufen sein Glück zu suchen, klassischerweise durch zwei miteinander kombinierbare Argumente erklärt: Zum einen ist die Risikobereitschaft umso größer, je höher die zu erwartenden Gewinne sind (während eine Einkommenskalkulation auf der Basis der durchschnittlichen Vergütung eines Künstlerberufes abschreckend wirken würde). Zum anderen kann eine ganze Reihe von nicht materiellen Entschädigungen – psychische und gesellschaftliche Anerkennung, attraktive Arbeitsbedingungen, geringe Arbeitsroutinen usw. – die finanziellen Verdienstausfälle vorübergehend oder auch dauerhaft kompensieren.

Was das zweite Argument betrifft, so befinden sich die Künstlerberufe – und vor allem die besonders angesehenen unter ihnen – anscheinend an der Spitze der Berufshierarchien bei nahezu allen wichtigen Determinanten, die gewöhnlich in psychosoziologischen Studien zur Messung der Arbeitszufriedenheit herangezogen werden: Art und Vielfalt der Arbeitsaufgaben, Einsatz aller persönlichen Kompetenzen, Gefühl der Verantwortung und der Wertschätzung, Anerkennung der persönlichen Leistung, Arbeitsbedingungen, Bedeutung der handwerklichen Kompetenz bei der Bestimmung und Ausübung hierarchischer Autorität, selbstständiges Organisieren der Arbeitsaufgaben, Struktur der Arbeitsbeziehungen mit den Vorgesetzten sowie Mit- und Zuarbeitern, Sozialprestige und -status der in diesem Beruf Erfolgreichen. Ist also die Freiheit, mit der man seine Arbeit selbst organisieren kann, letztlich nicht die eigentliche Voraussetzung für eine authentische Selbstverwirklichung in der Kunst?

Das Motiv der immateriellen Vorteile ist so mächtig, dass es gewöhnlich die Basis einer ideologischen Verklärung der Künstlerarbeit bildet. Das hat sicherlich damit zu tun, dass das Argument problemlos zu einer Verabsolutierung nicht-materieller Wertprinzipien ausgeweitet werden kann. Das geschieht beispielsweise, wenn an Stelle des durchschnittlich zu erwartenden Einkommensprofils im Laufe einer Berufskarriere die tatsächliche Einkommensverteilung einer bestimmten Gruppe von Künstlern berücksichtigt wird oder besser noch das modale Einkommensniveau in der zahlenstärksten Vergütungsklasse, wie es bei einer Alltagswahrnehmung der Lebensbedingungen der Künstler üblich ist. Da diese relative Künstlermehrheit im Allgemeinen gemessen an ihrer Qualifikationen und ihrem Arbeitsaufwand ein bescheidenes Leben fristet, unterstellt man diesen Künstlern Präferenzen und Fähigkeiten, die letztlich im Wesentlichen, wenn nicht gar ausschließlich, auf nichtfinanzielle Motivationen hinzudeuten scheinen. Anders gesagt: Wenn es um ihre Kunst und die Genugtuung geht, die daraus resultiert, müssen die Künstler ganz offensichtlich zu zahlreichen Opfern bereit sein.

Eine derartige Vorstellung des Künstlerlebens veranschaulicht einen Grenzfall des Arbeitsmarktes, bei dem die Angebotskurve völlig unelastisch ist und die relativen Gehaltsstufen einzig und allein durch die Nachfragebedingungen determiniert werden. Allem Anschein nach kommen einige Auserwählte in den Genuss einer Rente im wirtschaftlichen Sinn des Wortes: Ihr mehr oder weniger langes Warten auf den Erfolg mit bisweilen beträchtlichen materiellen Entsagungen ist ein nachträglicher Beweis dafür, dass sie auch für ein deutlich geringeres Einkommen ihrem Beruf treu geblieben wären. Wer dagegen nur ein geringes Einkommen bezieht und sich trotzdem dauerhaft mit seiner Situation abfindet, anstatt den Beruf zu wechseln, muss zur rationalen Erklärung seiner Entscheidung zwangsläufig die Schuld für sein karges Dasein vor allem in einer endemischen Konsumschwäche des Kulturmarktes suchen: Wenn er in wirtschaftlicher Hinsicht ein randständiges Dasein fristet, liegt das in seinen Augen daran, dass die Gesamtnachfrage zu gering ist oder dass – eine andere Erscheinung derselben gesellschaftlichen Fehlentwicklung – die Verbrauchervorlieben durch die Marktkräfte und die Ungleichheiten der Klassengesellschaft vorgeformt werden und sich auf eine hoffnungslos geringe Zahl von Werken und Künstlern konzentrieren. Eine derartige Diagnose erinnert stark an einen Schutzmechanismus aus Furcht vor Entzauberung, wie es bei Pierre Bourdieu heißt.[24] Sie bedient sich beliebig im Fundus der Geschichte und macht aus dem Misserfolg talentierter Künstler ein ehernes Gesetz, das immer wieder Trost spendet. Natürlich bietet die Geschichte der Künste genügend berühmte und ergreifende Beispiele für Künstler, deren Genie erst spät Anerkennung fand und deren materielle Not anscheinend genauso groß gewesen war wie ihre schöpferische Energie. Historische Studien belegen jedoch, dass die Realität unendlich vielfältiger ist als es eine Legende, die sich allein auf Ausnahmefälle stützt, nahe zu legen scheint.

Das Argument nicht-monetärer Entschädigungen bedarf einiger Nuancierungen: Die Zeugnisse von Schauspielern zu Freud und Mühsal ihres Berufes[25] deuten darauf hin, dass die Arbeitszufriedenheit der Schauspieler oft stark davon abhängt, an welchem Punkt ihrer Karriere sie angelangt sind, welche Anerkennung sie genießen, welcher Natur ihr Engagement ist, ob damit eine gewisse öf-

24 Pierre Bourdieu, »Le marché des biens symboliques«, in: L'année sociologique 22 (1971): 49–126.

25 P-M. Menger, *La Profession de comédien*, Paris, DEP, Ministère de la culture/La Documentation française, 1998: Kapitel 9.

fentliche Resonanz verbunden ist und unter welchen Bedingungen sie – in der Hoffnung auf einen spürbaren Erfolg – ihren Beruf ausüben. Im Übrigen sind sich Schauspieler, Autoren und Schriftsteller durchaus der Grenzen der Verklärungen bewusst: Zahlreiche Filme, Theaterstücke und Romane befassen sich mit Glanz und Illusionen des Künstlerlebens, werfen einen hellsichtigen Blick auf das (allzu) menschliche Vermögen, Misserfolge rational zu erklären, und beschreiben, wie die Ideale letztlich zu ganz gewöhnlichen Arbeitserfahrungen verkommen.

Allerdings sind diese immateriellen Entschädigungen auch kein reines Hirngespinst. Sie verweisen vielmehr auf ein besonderes Motivationsgeflecht im Leben eines Künstlers. Bei der Ausübung seines Berufs lernt er zusammen mit den Entschädigungen und Enttäuschungen gleichzeitig auch, mit Risiken umzugehen. Jedes Risiko hat jedoch seinen Preis. Und das wiederum betrifft das wirtschaftliche und monetäre Argument eines Erfolges, auf den man mit einem riskanten beruflichen Engagement spekuliert und der umso einträglicher ausfällt, je größer dieses Risiko ist.

Dieses Argument ist kaum von der Hand zu weisen, wenn man bedenkt, welcher Werberummel um die von den eingespielten Einnahmen abhängigen Gagen der Stars betrieben wird. Die Höhe dieser Einnahmen gehört mittlerweile zu den gängigen Instrumenten, mit denen die Öffentlichkeit von ihren eigenen Kaufentscheidungen in Kenntnis gesetzt und der Erfolg durch Nachahmung verstärkt wird. Die beträchtlichen Gagen einer Handvoll Kino- und TV-Stars sind Teil einer Inszenierung des Geldes in den darstellenden Künsten, die oftmals an eine Huldigung der kapitalistischen Laster und Normen an die Tugenden des einmaligen Talents erinnert, ohne dass der eigentliche Wert des Talents im Grunde jemals zur Debatte stehen würde. Beachtlicherweise findet die Zelebrierung begabter Künstler über ihren finanziellen Wert stets neue Anwendungsgebiete. Gebannt schaut der gewöhnliche Sterbliche auf die neuen Stars, die TV-Moderatoren, Akteure und Unternehmer ihres eigenen Erfolgs, oder auch auf die Starmodels, massivgoldene Verkörperungen einer völlig unrealistischen Weiblichkeit. Seitdem die Fernsehanstalten auch auf dem Gebiet der sinnigerweise als Interaktivität bzw. Reality-TV bezeichneten spiegelbildartigen Doku-Soaps miteinander rivalisieren und die Programme mit alltäglichen Menschen zu abendfüllenden Alltagsprogrammen gemacht haben, zählen hierzu auch die künftigen Stars und Sternchen, die Nachwuchsstars, die Unbekannten, die zu Abenteuern in exotische Welten aufbrechen, die zufälligen Pärchen und ihr Liebesgeplänkel. In der Tat nutzt die Unterhaltungsindustrie ihre Instrumente zur öffentlichen Inszenierung des Erfolges in allen Bereichen der spekulativen Massenunterhaltung. Das gilt genauso für Hochleistungssportler wie für Unternehmer oder Milliardäre, die im öffentlichen Rampenlicht stehen. Und es gilt auch für bestimmte Segmente der Schönen Künste, wie etwa die moderne Malerei. In diesem kultisch betriebenen Kunstbusiness wird der Börsenwert der modernen Künstler zu einem Qualitätssignal überhöht, auf das die Einschätzungen der Investoren sich in den kurzen Spekulationsmoden mit größerer Verlässlichkeit verständigen können als auf einen ungewissen und unergründlichen ästhetischen Wert.[26]

Schamloser noch geht es dabei auf dem Massenmarkt Sport zu. Ganz offen wird auf dem Sportmarkt über die Spielerkäufe und -verkäufe mit den jeweiligen Tarifen, den gezahlten Ablösesummen und der Hitparade der Topgagen berichtet. So gut wie nie kommen dabei jedoch die gewöhnlichen Lohnverhältnisse der erdrückenden Mehrheit zur Sprache, die von dem Trugbild astronomischer Gehälter in die Arena gelockt werden. Als Motor und Nutznießer der Gewinnexplosion überbieten sich die Fernsehanstalten bei den Übertragungsrechten und stecken ihr Geld in den prekären Luxussektor des Profifußballs. Für die Spieler bedeutet ihr befristetes Arbeitsverhältnis einen sozialen Aufstieg. Es befreit sie aus einer dauerhaften Bindung an einen Verein als Arbeitgeber, mit der sie nie ihren erhofften sportlichen Marktwert in demselben Maße hätten ausreizen können, wie es ihnen durch die Mobilität auf dem Transfermarkt möglich ist. Parallel dazu profitieren jedoch die Fernsehsender von den banaleren unsicheren Arbeitsverhältnissen der Techniker und unregelmäßig beschäftigten Führungskräfte, die immer zahlreicher werden und die Festangestellten ergänzen, ersetzen bzw. mit ihnen in Konkurrenz treten. Bezeichnenderweise finden sich an beiden Enden der Verwertungskette – sowohl auf dem Bildschirm als auch hinter den Kulissen der Arbeitsteilung in den Fernsehstudios – dieselben Ungleichheitsmechanismen, die den Arbeitsmarkt der Sport-

26 Raymonde Moulin, *L'artiste, l'institution et le marché*, Paris, Flammarion, 1992.

ler und den der kurzzeitig beschäftigten Führungskräfte und Techniker strukturieren.

Demokratisierung des Genies: Individualität als bewundernswertes Kapital

Damit die Erfolgslotterie auf dem Kulturmarkt glaubwürdig bleibt und überhaupt von Dauer ist, muss die Faszination für eine unendliche Differenzierung der kulturell konsumierbaren Inhalte und Talente verstärkt und möglichst ausgeweitet werden. Dabei gelten die herrschenden Glücksspielmechanismen, die gleichermaßen die Talente wie deren Verwertung betreffen, für eine hoch differenzierte Palette von Werken, Kunstformen und Mitbewerbern um die Gunst des Publikums. Die Talentwettkämpfe, Literaturpreise, internationalen Wettbewerbe für klassische Musik, die Auszeichnungen auf den Filmfestspielen, der Goldene Bär, die Biennale von Venedig, die Oscar-Verleihung, die Grammy Awards oder auch der Nobelpreis sind hinreichend bekannt. In einer Welt künstlerischer, intellektueller und wissenschaftlicher Kompetenz, die von einer derart starken Konkurrenz geprägt ist, dass ein erfolgreiches Abschneiden hier einen hohen Legitimationswert besitzt, werden damit Talente ausgezeichnet. Auch wenn die Wettbewerbe angesichts der Gewinnperspektiven in gewisser Hinsicht durchaus Glücksspielcharakter besitzen, zeigen sie doch das Talent ganz traditionell im Lichte einer Spezialisierung schöpferischer Fähigkeiten und eines Erfolges, der eben auch mit einem Kapital an Kenntnissen, Techniken und hinreichend individuellen und damit auch distinktiven und nachgefragten Eigenschaften erarbeitet wurde: Das Kräftemessen beruht auf mehreren Erfolgsfaktoren – Arbeit, Talent, Glück. Die verschiedenen Bereiche der Kunst müssen sich auf diese drei Kardinaltugenden beziehen, um die Konkurrenz zwischen den Individuen zu einem Spektakel faszinierender, aber letztlich legitimer Leistungsungleichheiten zwischen den Künstlern zu stilisieren, die sich vom Publikum durch ihre ausgeprägten Qualitäten und Kenntnisse als Kennzeichen ihrer Kreativität und ihrer Kunst unterscheiden. Die Wettbewerbs- und Glückspielmechanismen wurden jedoch auch auf andere Bereiche übertragen und die gesellschaftliche Basis der Bewunderung für jede Art von Sieger schließlich bis zu einer »Demokratisierung des Genies« erweitert. Mit diesem polemischen Ausdruck geißelt Daniel Bell die nihilistischen Umtriebe der modernen Kunst und den von den Künstlern selbst betriebenen Kult der Entprofessionalisierung und der Entspezialisierung der Künste.

Mit seinen Doku-Soaps und Realityshows (Dschungelabenteuer, Partnerwahl, Ausscheidungswettkämpfe zwischen Nachwuchstalenten, Sendungen zu auffälligen Biografien oder außergewöhnlichen Lebensumständen) vergrößert das Fernsehen als dominantes Medium die Zahl der potenziellen Bewerber um zeitweilige Berühmtheit. Dabei nutzt es das Wettkampf- und das Zufallsprinzip als die beiden wesentlichen Bestandteile, die Roger Caillois zufolge das Spiel in seiner Reinform charakterisieren. Beim Spielen werden nach gegensätzlichen, aber komplementären Prinzipien künstliche Gleichheitsvoraussetzungen geschaffen: Wenn in einer Spielsituation Kompetenzen oder Fähigkeiten keinerlei Rolle spielen (Losziehung), handelt es sich um eine passive, schicksalhafte Gleichheit. Eine Wettbewerbsgleichheit besteht Caillois zufolge hingegen, wenn die Beteiligten ihre Fähigkeiten voll ausspielen und einen unwiderlegbaren Beweis ihrer Stärke erbringen sollen. Beide Spielsituationen stoßen jedoch an ihre Grenzen. Zwar bieten die Glücksspiele eine Form radikaler Schicksalsgleichheit, die ihnen vorenthalten wird, solange die Erfolgschancen faktisch durch Leistung und Einsatzbereitschaft ungleich verteilt werden. Andererseits sind jedoch die Gewinnaussichten zu gering und die Passivität zu groß, als dass eine dauerhaft befriedigende Identifizierung mit der Situation möglich wäre: Nichts anderes besagt La Fontaines Fabel vom Ackermann und seinen Kindern, warnt sie doch davor, auf einen völlig zufälligen Reichtum zu hoffen, anstatt den Erfolg als ein Nebenprodukt der eigenen Leistung zu betrachten.[27] Demgegenüber kommen bei Wettkampfspielen und -ausscheidungen ungleiche Fähigkeiten im Rahmen einer formalen Regelgleichheit zum Einsatz. Niemand könnte sich allerdings dauerhaft mit seinem eigenen Leistungsvermögen zufrieden geben,

27 Dieser paradoxe Weg zum Erfolg, wie er in der Fabel zum Ausdruck kommt, wurde von Jon Elster dahingehend interpretiert, dass man nur dann erfolgreich ist, wenn man den Erfolg nicht direkt sucht. Er ist nur ein *by-product*, ein Abfallprodukt, eines Engagements in Arbeitsleben und produktiver Tätigkeit. Vgl. J. Elster, *Subversion der Rationalität*, Frankfurt a.M./New York, Campus, 1987.

wenn sein Engagement und seine Arbeit nicht ausreichen, um die Kluft zu überbrücken, die sich aus einer allzu ungleichen und nachteiligen Verteilung der (körperlichen, geistigen, gesellschaftlichen) Ressourcen, der eigentlichen Triebkraft des Wettkampfes, für ihn ergibt. Das wiederum wertet das Zufallsprinzip wieder auf.[28]

In Wirklichkeit werden bei der Organisation bestimmter Berufsfelder und der Inszenierung bestimmter Erfolgskategorien Merkmale aus dem Glücksspiel und Elemente aus einem Leistungswettstreit miteinander kombiniert: Wenn es nur eine verschwindend geringe Zahl von Auserwählten gibt, besteht eine hohe Wettkampfungewissheit. Ein Bündel unterschiedlicher Ursachen und Gründe (individuelle Kompetenz, Konkurrenzdruck durch die Situation, Komplexität der Evaluierungen und der verschiedenen Meinungen, wettkampfexterne Einflüsse), deren Wirkungen rational nicht zu entwirren sind, sorgt für eine ständige Ungewissheit. Die Kontrahenten und all jene, die sich davon einen Gewinn versprechen, können zwar versuchen, das Glück zu erzwingen, Stimmen zu kaufen oder zu beeinflussen, durch Doping oder mentale Manipulationen (Gerüchte, sich selbst erfüllende Voraussagen, die man nach Kräften fördert, Versuche, die wichtigsten Kanäle der Meinungsbildung zu kontrollieren) ihr Leistungsvermögen künstlich zu erhöhen. Doch stets muss alles daran gesetzt werden, diese Fehlentwicklungen im Sinne einer gerechten Konkurrenz durch vielfältige Vorkehrungen (deontologische Garantien, überraschende Entscheidungen zum Beweis der Unabhängigkeit einer Jury, Überprüfung der Leistungen und Kontrolle der Beteiligten, Ausschluss von Betrügern, Unter-

28 Roger Callois drückt dies elegant folgendermaßen aus: »Inzwischen begreift jedermann, wenn er ins Erwachsenenalter eintritt, leicht, daß es für ihn zu spät ist, und daß die Würfel bereits gefallen sind. Er bleibt seinen Lebensbedingungen unterworfen. Seine Leistung gestattet ihm vielleicht, diese zu verbessern, aber nicht, aus ihnen herauszukommen. Die Leistung gestattet keine radikale Änderung des Lebensstandards. So entsteht die Sehnsucht nach Abkürzungswegen oder unmittelbaren Lösungen, die die Perspektive eines plötzlichen Erfolges eröffnen, auch wenn er nur relativ ist. Diese Lösung muß man dem Schicksal abverlangen, da Qualifikation und Arbeit nicht mächtig genug sind, sie herbeizuführen.« R. Caillois, *Die Spiele und die Menschen. Maske und Rausch*, Frankfurt a.M./Berlin/Wien, Ullstein, 1982, S. 129.

suchungen zu zweifelhaften Erfolgen, reinigende und vorübergehend heilsam wirkende Skandale) zu korrigieren. Nur so kann der Wettbewerb seine Glaubwürdigkeit bewahren. Literaturpreise, Sportwettkämpfe, Starausscheidungen, wie die audiovisuellen Medien sie immer wieder neu inszenieren, liefern Beispiele für eine variable Mischung aus *agon* (Wettkampf) und *alea* (Glück), die dem Starbusiness und den eigenen Träumen, die sich in dem scheinbar so nahen und dann doch wieder unerreichbar fernen Erfolg anderer spiegeln, neue Nahrung bieten.

KAPITEL III: Die Kunst als Experimentierfeld der Flexibilität

Es lassen sich im Wesentlichen drei Arten der Künstlerbeschäftigung unterscheiden: die Arbeit in Unternehmen mit Vollzeitmitarbeitern, die über mehrere Jahre beschäftigt werden (Orchester, Oper, Theater, Ballett, staatliche Rundfunkanstalten), die punktuelle, zeitlich begrenzte Mitarbeit an einem Projekt mit Gagenzahlung sowie eine vertraglich geregelte Überlassung der Nutzungsrechte bzw. eine Dienstleistung für ein Kulturunternehmen (Galerist, Verlag usw.). Die Dynamik der Kulturorganisationen und der Künstlermärkte zeigt, dass die verschiedenen Tätigkeitsfelder im Bereich der eigentlich künstlerischen Produktion außerhalb der staatlich subventionierten Sektoren in einem größeren Betrieb nur schwer einzugliedern sind. Es ist hier vielmehr zu einer »vertikalen Desintegration« gekommen mit einer flexiblen Spezialisierung und extensiven Organisation der Zusammenarbeit zwischen kleineren Firmen, die zu verschiedenen Zeitpunkten der Arbeitsteilung bei der Herstellung komplexer und stets prototypischer Produkte mitwirken.

Auch Unternehmen, die – wie etwa Verlage, Galerien, Musikproduktionen – mit frei schaffenden Künstlern zusammenarbeiten, weisen lediglich einen geringen Integrationsgrad auf: Der Rohstoff, d. h. das eigentlich Werk, muss nämlich auf einem Wettbewerbsmarkt über nicht notwendig dauerhafte Transaktionen vertraglich erworben werden. Darüber hinaus lassen sich zahlreiche Aufgaben bzw. produktive Dienstleistungen an frei schaffende Mitarbeiter oder andere Firmen ausgliedern. Auch wenn sich große Konzerne gebildet haben, wimmelt es noch von kleineren, nicht industriell arbeitenden Firmen, und selbst innerhalb der Konzerne kommen vielfältige Strategien zum Tragen, die von der vollständigen betriebsinternen Leistungserbringung bis hin zur Kontrolle autonomer Einheiten reichen, die als eigenständige Profit- und Produktionscenter fungieren. Allein daran lässt sich ablesen, dass innerhalb eines Unternehmens gerade wegen der Eigentümlichkeiten der Kulturproduktion industrielle und nicht-industrielle Aspekte nebeneinander bestehen können.

Beschäftigungsflexibilität, Talentvielfalt und Unterbeschäftigung

Nicht abhängige Beschäftigung und kurzzeitige Anstellungen als Synonym für hyperflexible Arbeitsverträge sind eine Voraussetzung für einen »vollständigen Konkurrenzmarkt«, auf dem ohne rechtliche Schranken oder Anwerbe- und Freisetzungskosten Mitarbeiter nach Bedarf eingestellt und entlassen werden können. Als besonders flexibel gelten vor allem die gering qualifizierten Beschäftigungsmärkte, weil die Arbeitnehmer hier aufgrund recht einfacher Arbeitsprozesse leicht ersetzbar sind. Häufig ist diesbezüglich von einem zweiten Arbeitsmarkt die Rede. Im Bereich der Kunst wird Flexibilität in vergleichbarem Maße bei den hoch qualifizierten Beschäftigten erwartet. Diese sind zwar auch ersetzbar, doch widerspricht dies im Grunde den strukturierenden Grundprinzipien, da hier nicht allein bei den besonders exponierten Beschäftigungen die Unterschiede (Talent, Berufserfahrung oder Auftreten) besonders geschätzt werden.

Insofern lässt sich von einem widersprüchlichen Markt sprechen, der sich aufgrund der Flexibilität der Arbeitsbeziehungen mit dem zweiten Arbeitsmarkt vergleichen lässt und der angesichts der Natur der Qualifikationen, der Gehälter und der Bedeutung der Kompetenzen dem ersten Arbeitsmarkt ähnelt. Wenn man sich nun mit der Funktionsweise dieses Marktes beschäftigt, zeigt sich vor allem, dass die Flexiblitätskosten sehr ungleich verteilt sind.

Zur Reduzierung ihrer Produktionskosten wollen die Arbeitgeber ihr Personal aus einem großen Reservoir auswählen können. Sie streben nach einem möglichst weit gefassten Personenkreis potenzieller Mitarbeiter, um die Vielfalt der Kompetenzen und der Talente voll auszuschöpfen. Für die Kosten zum Schutz der Erwerbstätigen vor den Risiken der Arbeitslosigkeit wollen sie dagegen nicht aufkommen. Die erforderliche Flexibilität einer projektbezogenen Organisationsform sorgt jedoch für eine hohe friktionelle Arbeitslosigkeit: Die Zahl der verfügbaren Künstler, Führungskräfte, Techniker und Arbeiter muss zu jedem Zeitpunkt deutlich über der Zahl der tatsächlich Beschäftigten in den laufenden Produktionen liegen, damit die Mitarbeiter zwischen den inhaltlich sehr unterschiedlichen Projekten problemlos hin- und herwechseln können. Angesichts dieser strukturellen Flexiblitätskomponente wechseln sich Perioden der Beschäftigung, der Arbeitslosigkeit mit bzw. ohne Sozialleistungsanspruch mit Phasen ab, in denen die Betroffenen einen neuen Arbeitsplatz suchen, ihre Netzwerke aktivieren und mehrere Aktivitäten innerhalb und/oder außerhalb des Kultursektors parallel zueinander ausüben.

Damit diese Beschäftigungssituationen überhaupt dauerhaft Bestand haben, müssen daran Lösungen geknüpft werden, um die Risiken von projektbasierter Beschäftigung und Innovationskonkurrenz mehr oder weniger zuverlässig abzufedern. Dazu gibt es in verschiedenen Ländern oftmals ein komplexes System aus (tarifvertraglichen) Regelungen sowie spezifische Verwaltungs- und Vorsorgestrukturen. In den Vereinigten Staaten spielen bei der Bezahlung der Künstler in den Film- und Rundfunkproduktionsgesellschaften regulierende Mechanismen und von den Arbeitnehmer- und Arbeitgeberverbänden ausgehandelte Tarifverträge eine Rolle.[29] Auch wenn die Arbeitnehmer dadurch nicht vor beruflicher Unsicherheit durch kurzzeitige Engagements geschützt werden, haben die Gewerkschaften erreicht, dass sich die Entlohnung aus einem tariflichen Festbetrag, d. h. einem Mindestlohn je nach Beschäftigungs- und Qualifikationsniveau, einer zwischen Künstler und Arbeitgeber verhandelbaren Summe, d. h. einem reputationsabhängigen Aufschlag, sowie einem anteiligen Anspruch der darstellenden Künstler an den Verwertungsrechten aus den Einnahmen an audiovisuellen Werken zusammensetzt. Aufgrund der weltweiten Dimension der Verwertungsmärkte ist die dritte Gehaltskomponente inzwischen genauso bedeutend wie der eigentliche Arbeitslohn. In allen Ländern mit einer stark ausgeprägten Kulturwirtschaft existieren heute solch patchworkartige Einkommensstrukturen. Der Anteil der dritten Komponente variiert jedoch je nach Größe der Verwertungsmärkte. Die aktuelle Einkommenszusammensetzung besteht aus drei Komponenten: einem festen Grundbetrag, einem individuell ausgehandelten Gehaltsanteil und einer Erfolgsbeteiligung.

29 Vgl. A. Paul/A. Kleingartner, »Flexible production and the transformation of industrial relations in the motion picture and television industry«, in: Industrial Labor and Relations Review 4 (1994): 662–678.

In Frankreich bestehen darüber hinaus andersartige Schutzmechanismen. Während die Künstler in den meisten Ländern durch ihre frei schaffende Tätigkeit für mehrere Arbeitgeber einen Beschäftigungsstatus besitzen, der mit den Bestimmungen der Arbeitslosenversicherung für abhängig Beschäftigte nicht kompatibel ist, wird in Frankreich die zeitweilige Beschäftigung einer unselbstständigen Erwerbsarbeit zugeordnet, so dass die Anspruchsberechtigten für ihre dauerhafte oder zwischenzeitliche Arbeitslosigkeit Sozialleistungen beziehen.[30]

Bei einem normalen Verlauf des Erwerbslebens eines Künstlers, der für mehrere Arbeitgeber tätig wird, folgen auf Beschäftigungsphasen mehr oder weniger lange Perioden der Erwerbslosigkeit. Damit die Arbeitskräfte jedoch verfügbar bleiben und folglich die Kunstproduktion ihre Flexibilität bewahren kann, müssen die Disponibilitätskosten geteilt werden. Zum Teil werden sie von den Unternehmen getragen, die bei gleicher Qualifikation höhere Stundenlöhne bezahlen als in anderen Sektoren, zum Teil auch von den Angestellten selbst, die ständig nach einem neuen Arbeitsplatz suchen und ganz besonders in den Kultursektoren die qualifizierenden Vorleistungen erbringen müssen. Darüber hinaus besitzt das System selbst einen spezifischen Sicherungsmechanismus gegen Unterbeschäftigung.

Seit zwanzig Jahren kommt es im gesamten Sektor der darstellenden Künste zu einer intensiveren Nutzung kurzzeitiger Beschäftigungsverhältnisse mit sich abwechselnden Phasen der Erwerbsarbeit und der Arbeitslosigkeit mit Sozialleistungsanspruch. Dabei geht es darum, das bei der Produktion im darstellenden Bereich erforderliche Flexibilitätsniveau zu sichern, einen Grundstock an zu jedem Zeitpunkt verfügbaren Arbeitskräften aufrechtzuerhalten, die Produktionskosten im darstellenden Gewerbe zu begrenzen, sich der zunehmenden Externalisierung anzupassen und kontinuierlich auf neue Talente zu setzen. All das führt paradoxerweise dazu, dass so-

30 R-M. Menger/Marc Gurgand, »Work and compensated unemployment in the performing arts«, in: V. Ginsburgh/R-M. Menger (hg.), *Economics of the Arts*, Amsterdam, North Holland, 1996; R-M. Menger, »Les intermittents du spectacle. Croissance de l'emploi et croissance du chômage indemnisé«, in: INSEE Première 510 (1997).

wohl das Beschäftigungsvolumen als auch die subventionierte Arbeitslosigkeit gestiegen ist.

In der Tat lässt sich die Frage stellen, welche Auswirkungen sich daraus ergeben, dass auf dem Arbeitsmarkt vorwiegend kurzfristige Anstellungen, die Mitarbeit an Projekten, der Ankauf von Rechten an künstlerischen Werken (Bücher, Kompositionen, Drehbücher usw.) gefragt sind. Der Anstieg der Künstlergemeinschaft, wie er sich in Volkszählungen oder Arbeitsmarktstudien ablesen lässt,[31] entspricht bei weitem keinem vergleichbaren Anstieg des Beschäftigungsvolumens. Der Index der Erwerbsbevölkerung, der auf der Zählung all jener beruht, die sich selbst als berufsmäßige Künstler bezeichnen, ist durchaus ambivalent: Während das Beschäftigungsvolumen weniger schnell wächst als die Zahl der Künstler, die sich auf dem Arbeitsmarkt bewegen, verschärft sich parallel dazu die Konkurrenz, die gleichzeitig zu einer Verschärfung der Ungleichheiten, einer größeren zeitlichen Variabilität des Beschäftigungsniveaus und der Erwerbsphasen und alles in allem zu einer Rationierung der Beschäftigung jener Künstler führt, die sich das Arbeitsvolumen untereinander teilen müssen.[32] So erklärt sich auch, dass sich paradoxerweise trotz steigenden Beschäftigungsvolumens häufiger Phasen der Erwerbsarbeit und der Erwerbslosigkeit abwechseln bzw. neben der »Berufung« der künstlerischen Tätigkeit zusätzliche Erwerbsquellen vonnöten sind.

Faktisch profitieren Unternehmen und Konsumenten von einer größeren Talentvielfalt. Gleichzeitig führt dies jedoch zu einer starken Unterbeschäftigung bzw. hohen Arbeitslosigkeit, einer größeren Variabilität individueller Berufslagen und einer wachsenden Ungleichheit. Einige wenige profitieren hier von ihrer Reputation und haben auf diesem expandierenden Markt ein hohes Beschäftigungsniveau, während alle anderen die stille Reserve eines Systems bilden, das nach ständiger Flexibilität strebt. Dabei sind die Karriereunsi-

31 Nach den statistischen Bevölkerungsdaten hat sich die Zahl der Künstler in Frankreich zwischen 1982 und 1999 verdoppelt. Im Bereich der darstellenden Künste, zu denen knapp ein Drittel aller Künstler zählen, hat sich die Zahl um das 2,4-fache erhöht.

32 Vgl. im Anhang die Beschreibung und Analyse der Entwicklung des Beschäftigungsvolumens sowie des Gehalts- und Profitniveaus im Bereich der darstellenden Künste von 1987 bis 2000.

cherheiten deutlich größer geworden, da hier die Talentspekulation zu nicht unbedingt dauerhaften Erfolgen und Reputationen führt. Eine weitere Besonderheit einer kurzzeitigen Mitarbeiterbeschäftigung besteht darin, dass das Schicksal des Arbeitgebers radikal von dem des Arbeitnehmers abgekoppelt wird. Das Beschäftigungsverhältnis ist lediglich von kurzer Dauer und unterliegt kaum rechtlichen Vorgaben. Der Arbeitgeber hat freie Hand bei der Entscheidung, ob er Mitarbeiter, mit denen er schon einmal zusammengearbeitet hat, wieder einstellen möchte oder nicht. Er kann ungehindert den größtmöglichen Nutzen aus der Tatsache ziehen, dass er zwischen der Sicherheit rekurrenter Beziehungen mit bewährten Mitarbeitern und dem Risiko der Entdeckung neuer Talente frei entscheiden kann. Unter der Voraussetzung einer hinreichenden Nachfrage ist die formale Freiheit des Künstlers ähnlicher Natur: Sein Risikomanagement beruht ebenfalls auf einer dosierten Mischung aus regelmäßigen und weniger regelmäßigen Erwerbsbeziehungen. Diese symmetrische Organisation erklärt eine der Eigentümlichkeiten dieses Marktes, nämlich die Tatsache, dass die Zusammenarbeit – wie im voranstehenden Kapitel angesprochen – auf der Grundlage vergleichbarer Reputationen basiert.

Derartige Formen der Zusammenarbeit schließen jedoch nicht aus, dass die Beteiligten auch zukunftsorientiert handeln. Da der Arbeitgeber keinerlei Verantwortung für die Karriere trägt, die sich der Künstler mit jedem einzelnen seiner Vertragsabschlüsse erst noch aufbauen muss, beinhalten seine Arbeitsverträge für all jene, die nur ein kurzzeitiges Beschäftigungsverhältnis eingehen, keinerlei Sicherheitsgarantien. Im Grunde läuft es darauf hinaus, dass der Unternehmer ungeniert Profit aus der zweiten Komponente der Flexibilität zieht: Er kann nämlich neue Mitarbeiter suchen und einstellen, um aus den vielfältigen Kompetenzen, den Gehaltsunterschieden zwischen Angestellten, die mehr oder weniger große Berufserfahrung haben und mehr oder weniger bekannt sind, und dem erhofften Erfolg einer gelungenen Markteinführung eines weitgehend unbekannten Nachwuchskünstlers Vorteil zu schlagen, auch wenn er dafür einen Teil seiner bewährten Mitarbeiter längerfristig an sich binden muss.

Dadurch, dass der Kulturbetrieb vor allem auf Nachwuchskünstler setzt, vergrößert sich der Kreis potenzieller Mitarbeiter. Diese jungen Künstler werden im Allgemeinen geringer vergütet, weisen jedoch eine hohe Arbeitsbereitschaft auf und fügen sich der Forderung nach ständiger Erneuerung auf dem Kunstmarkt, auf dem Alterskriterien und kurze Modezyklen mit den wechselnden Präferenzen des zahlenstärksten Verbrauchersegments übereinstimmen (Kinopublikum und Hörer von Pop-CDs bestehen mehrheitlich aus 12- bis 25-Jährigen). Aber auch der bezuschusste Kulturbetrieb folgt bisweilen diesem Trend: Jugend wird hier mit kreativer Begabung gleichgesetzt, so dass auch hier die Innovationszyklen immer kürzer werden und die öffentliche Anerkennung manchmal schon zu einem sehr frühen Karrierezeitpunkt erfolgt: So hat beispielsweise Raymonde Moulin darauf hingewiesen, dass manchen Malern und visuellen Künstlern schon vor ihrem dreißigsten Lebensjahr eine Werkretrospektive in einem Museum für moderne Kunst gewidmet wird, ohne dass diese Anerkennung jedoch eine Garantie für ihren weiteren Karriereweg bedeuten würde.

Die Bildung einer stillen Reserve an potenziellen Mitarbeitern und die Talentspekulation sind somit nicht allein auf die funktionalen Flexibilitätserfordernisse zurückzuführen, sondern auch auf die Zugewinne, die sich der Kulturbetrieb von einer optimalen Vielfalt an Talenten und einem raschen Erneuerungstempo verspricht.

Bei dem dritten Faktor, der letztlich zu einer Vermehrung der Nachwuchskünstler und einer Verschärfung der Konkurrenz zwischen den Beteiligten führt, handelt es sich um die Tatsache, dass das unternehmerische Handeln in einem System der projektbasierten Organisation nur geringe Kosten verursacht, da hier Fixkosten und Kapitalimmobilisierung auf einem denkbar niedrigen Niveau liegen. Daraus erklärt sich auch, dass die ohnehin schon große Zahl an Unternehmern in einem System mit ausgesprochen flexiblen Beschäftigungsverhältnissen noch deutlich zugelegt hat: Ein beträchtlicher Anteil dieser Unternehmer arbeitet allerdings nur gelegentlich, und es herrschen hier große Unterschiede hinsichtlich der Beschäftigungsintensität und der Unternehmensdauer. Die demographische Entwicklung dieser Unternehmen ist von einem *turnover* gekennzeichnet, der der demographischen Entwicklung der angestellten Kulturarbeiter ähnelt. Eine äußerst heterogene Arbeitgeberschaft, die sich rasch erneuert, sowie sehr lockere Beziehungen zwischen Arbeitgebern und Arbeitnehmern führen letztlich dazu, dass das verfügbare Reservoir an Arbeitskräften schneller anwächst als das eigentliche Arbeitsvolumen.

Die Apotheose des Freiberuflers

Ich-Unternehmertum, *free-lancing* und die sonstigen atypischen Beschäftigungsarten (kurzzeitige Anstellung, Teilzeitarbeit, Mehrfachanstellung usw.) sind die vorherrschenden Formen der Arbeitsorganisation im Bereich der Kunst. Genau genommen sind hier seit langem alle wesentlichen Erscheinungsformen einer flexiblen Beschäftigung, alle Modalitäten der Arbeitsgestaltung (von einer strengen Hierarchiebeziehung bis hin zu völliger Autonomie) und alle denkbaren Beschäftigungskombinationen anzutreffen. Darunter fallen sowohl die freiwillige Mehrfachbeschäftigung eines erfolgreichen Künstlers als auch die unfreiwillige Mehrfachbeschäftigung eines Kreativarbeiters, der seine Berufung notgedrungen durch anderweitige Erwerbsarbeit finanziell absichert. Ironischerweise erscheint also gerade die Kunst, die sich seit zwei Jahrhunderten mit aller Kraft gegen die Allmacht des Marktes stemmt, als ein Vorreiter bei der Erprobung (hyper)flexibler Arbeitsformen. Nach diesem Modell[33] haben sowohl in den Vereinigten Staaten als auch in Europa die Beschäftigungsverhältnisse in Gestalt von Werkverträgen bzw. kurzzeitigen Anstellungen im hoch qualifizierten Sektor – Personalmanagement, Erziehung und Bildung, Recht, Medizin – zugenommen.[34]

Üblicherweise wird der Arbeitsmarkt als ein klar unterteilter Raum konzipiert: Berufe werden als ein festes Bündel spezifischer Charakteristika beschrieben; Arbeitnehmer in staatlichen Arbeitsstatistiken mittels einer Klassifikation nach Berufen und sozioprofessionellen Kategorien und einer Zuordnung nach Qualifikations-

33 Die Entwicklung der Kinoproduktion in Hollywood und die Ausgliederung vormals integrierter Produktionsstudios ist dafür sicherlich eines der am besten dokumentierten Beispiele. Vgl. hierzu Michael Storper, »The transition to flexible specialisation in the film industry«, in: Cambridge Journal of Economics 13 (1989): 273–305, sowie Rosabeth Kanter, *World Class*, New York, Simon & Schuster, 1995.

34 Vgl. etwa Peter Cappelli, *The New Deal at Work*, Boston, Harvard Business School Press, 1999; Françoise Carré et alii (hg.), *Nonstandard Work*, Champaign, IRRA, 2000. Eine jüngere vergleichende Studie: John Mangan, *Workers Without Traditional Employment*, Cheltenham, Edward Elgar, 2000.

niveau erfasst; Arbeitsstellen durch ihre spezifischen Arbeitsaufgaben definiert; zwischen unterschiedlichen Berufssituationen, die nur ganz selten als miteinander kombinierbare Parallelaktivitäten wahrgenommen werden, verläuft eine klare Trennlinie. Rechte, Gehaltsmodalitäten und Arbeitsorganisationen beruhen auf einer diskontinuierlichen gesellschaftlichen Statik.

An dieser sozialen Statik lassen sich einige der »Erstarrungen« des Arbeitsmarktes ablesen, die den Grundbedingungen des Modells einer »vollständigen Konkurrenz« zuwiderlaufen, wie etwa der Homogenität bzw. völligen Teilbarkeit der unterschiedlichen Marktfaktoren, dem vollständigen Wissen aller um die Charakteristika der Handelsobjekte oder auch der uneingeschränkten Mobilität der Produktionsfaktoren.[35] Wenn sich der Arbeitsmarkt stärker an diesen »idealen« Voraussetzungen ausrichten würde, besäße er eine größere Flexibilität, eine schnellere Anpassungsfähigkeit und eine optimale Allokation, die genau auf die Handelsbewegungen und das Gleichgewicht zwischen Angebot und Nachfrage abgestimmt wäre.

Kann man sich also auf den Standpunkt stellen, dass es sich bei dem Unternehmen und der dazugehörigen Sphäre der Erwerbsarbeit um fehlerhafte Konstruktionen handelt? Coase und Williamson haben in ihrer neoinstitutionellen Wirtschaftslehre darauf hingewiesen, dass der Betrieb unter bestimmten Voraussetzungen die »Unzulänglichkeiten«, die unweigerlich die Arbeitsabläufe beeinträchtigen, besser beheben kann als ein reiner Markt kurzzeitiger Transaktionen. Man denke dabei etwa an die Managementkosten zur Einarbeitung der Arbeitnehmer an einem spezifischen Arbeitsplatz, die Gefahr opportunistischen Verhaltens innerhalb eines Unternehmens oder die Ungewissheiten, ob die erworbenen Qualifikationen weiter ausgebaut werden können. Die Unterscheidung zwischen Organisation und Markt hat jedoch nichts Statisches: Wenn man die Frage nach der organisatorischen Effizienz aufwirft, die Größe und interne Organisation durch interdependente Funktionseinheiten und Outsourcing externalisierbarer Arbeitsaufgaben über den Markt optimal bestimmen möchte, geht es im Grunde um den Versuch, in die Beschäftigungspolitik der Unternehmen einige

35 Vgl. Bernard Gazier, *Économie du travail et de l'emploi*, Paris, Dalloz, 1991.

der Schlüsselcharakteristika der vollständigen Konkurrenz einzuführen. Insofern geht es um das dieser Politik zugrunde liegende Idealbild des Arbeitnehmers. Ziel der folgenden Analyse ist es zu zeigen, wie die sich diversifizierenden Beschäftigungsformen und die heterogenen Beschäftigungslösungen der Betriebe durch die Bündelung zweier Dimensionen entstehen, bei der die Qualifikation und die Bereitschaft, zwischen unterschiedlichen Arbeitsaufgaben und Beschäftigungslagen hin und her zu wechseln, zu einer neuen Beurteilung der Arbeit als solcher zusammengefügt werden. Insofern rivalisieren also zwei unterschiedliche gesellschaftliche Organisationsformen der Erwerbsarbeit miteinander, von der die eine die Diskontinuitäten und die andere die Kontinuitäten in den Mittelpunkt rückt.

Ausweitung und Fragmentierung der abhängigen Erwerbsarbeit

In den entwickelten Volkswirtschaften hat die abhängige Erwerbsarbeit in den letzten Jahrzehnten kontinuierlich zugenommen. In Frankreich liegt sie bei rund 90 % der Erwerbsbevölkerung. Parallel dazu kam es jedoch auch zu einer Fragmentierung und selektiven Konzentration der Arbeitsverträge: Zwar erweist sich das dauerhafte Arbeitsverhältnis durchaus als resistent,[36] doch gilt das eigentliche Bezugsmodell, die unbefristete Vollzeitbeschäftigung, für immer weniger Erwerbstätige und ist in Frankreich von 72 % zu Anfang der 70er-Jahre auf nur noch 56 % zurückgegangen.[37] Dadurch, dass zum einen besondere Beschäftigungsformen – befristete Arbeitsverträge, Leiharbeit, Aus- und Weiterbildungsmaßnahmen, subventionierte Arbeitsplätze – und zum anderen die Teilzeitarbeit an Bedeutung gewonnen haben, hat sich das Bild der abhängigen Erwerbsarbeit radikal gewandelt.

---

36 Peter Auer/Sandrine Cazes, »L'emploi durable persiste dans les pays industrialisés«, in: Revue Internationale du Travail 4 (2000).

37 Vgl. Jean-Michel Belorgey/Annie Fouquet (hg.), *Minima sociaux, revenus d'activité, précarité*, Paris, La Documentation française, 2000; Olivier Marchand, *Plein emploi, l'improbable retour*, Paris, Gallimard, 2002.

In der Vergangenheit wurde der Anstieg atypischer Beschäftigungsformen häufig als eine konjunkturelle Anpassungsvariable betrachtet: Wirtschaftliche Aufschwungphasen würden sich demnach zuerst durch eine verstärkte Nutzung der Leiharbeit und später durch eine Zunahme befristeter Arbeitsverhältnisse auszeichnen. Erst danach konsolidierten sich die unbefristeten Einstellungen. Umgekehrt fielen die unsicheren Beschäftigungsverhältnisse als Erste einer Konjunkturflaute zum Opfer. Parallel dazu haben die politischen Maßnahmen zur Bekämpfung der Arbeitslosigkeit gerade aufgrund ihrer großen Zahl Klarheit und Effizienz vermissen lassen. Paradoxerweise haben sie den Anstieg atypischer Arbeitsverhältnisse begünstigt, weil dadurch, dass die klassische Funktion der Erwerbstätigkeit als produktive Ressource von einer Konzeption der Arbeit als subventionierte Form der beruflichen Wiedereingliederung und der Stärkung der Marktfähigkeit abgelöst wurde, dieser Prozess letztlich nur legitimiert wurde. Gering qualifizierte Arbeitnehmer konnten daher von den Unternehmen nach und nach in immer unterschiedlicheren Formen und für eine immer geringere Dauer angeworben werden.

Allerdings beschreibt eine derartige Analyse der Verzerrung des konventionellen Beschäftigungsrahmens lediglich einen der Aspekte eines Wandlungsprozesses, der bei den neuen Strategien zur Verwaltung der Ressource Arbeit und zur organisatorischen Flexibilisierung mittlerweile systematischer Natur ist. Natürlich können Leiharbeit und befristete Beschäftigungsverhältnisse abhängig von der jeweilige Konjunkturlage variieren. Doch handelt es sich dabei lediglich um eine Modulierung der Zunahme dieser Beschäftigungsformen. Atypische Arbeitsverhältnisse gehören inzwischen zum Berufsalltag, und aus den Besonderheiten dieser Banalisierung lassen sich einige Lehren ziehen und Herausforderungen ableiten. Gerade auch der Zusammenhang zwischen Anpassung der Arbeitskosten und Wirtschaftszyklus lässt sich kaum aufrechterhalten, wenn das Hauptargument der Flexibilisierung in der Managementliteratur auf einer optimalen Reaktionsfähigkeit auf die wachsenden »Ungewissheiten« der Umwelt gründet.

Heute finden sich atypische Arbeitsverhältnisse auf allen Qualifikationsebenen. Die Arbeitnehmerschaft in befristetem Angestelltenverhältnis ist heterogener geworden. Mitte der 1990er-Jahre hatten 39 % der französischen Arbeitnehmer in befristeter Anstellung Abitur gegenüber 25 % fünf Jahre zuvor.[38] Wenn man bei den leitenden Angestellten die Arbeitslosenrate, die Leiharbeitsquote und die befristeten Anstellungen heranzieht, ist natürlich die Gefährdung der Arbeitsplätze mit hohem Qualifikationsniveau deutlich geringer als bei den hochgradig unsicheren gering qualifizierten Arbeitsstellen. Doch zeigt sich auch hier, dass die Sicherheit, die berufsqualifizierende Abschlüsse früher boten, kontinuierlich nachgelassen hat. Nach Daten der französischen Arbeitsagentur betrifft die Leiharbeit im Jahre 2002 zu 77 % Arbeiter und nur zu 8 % mittlere und leitende Angestellte. Gleichzeitig verlief zuletzt jedoch der Anstieg der Leiharbeit in der letzten Kategorien doppelt so schnell.

Die Folgen der atypischen Beschäftigung machen sich das ganze Berufsleben über bemerkbar. Weniger denn je betrifft ein befristeter Arbeitsvertrag lediglich die Berufseinsteiger. Nur jeder vierte Angestellte mit befristetem Arbeitsverhältnis ist unter 25. Auch durch die staatlichen Berufseingliederungshilfen für junge Erwerbstätige wurden die Berufseinstiegswege segmentiert. Zwar hat sich die Übergangsphase zwischen Ausbildungszeit und Arbeitsplatz für alle verlängert, wobei die atypischen Beschäftigungssituationen als Probezeiten für die Bewerber um einen festen Arbeitsplatz fungieren. Oftmals entstand durch die subventionierten Arbeitsverträge jedoch auch ein staatlich geförderter zweiter Markt mit qualitativ minderwertigen, unterbezahlten, unsicheren und nicht bzw. gering qualifizierenden Arbeitsplätzen, die zu chaotischen Berufskarrieren führen und den Horizont einer wirklichen Integration auf dem Arbeitsmarkt verschließen, wenn die Berufseinsteiger nacheinander mehrere solche Arbeitsplätze bekleiden: Je mehr das Labyrinth der Einstiegskarrieren die Zeit der Prekarität und des damit einhergehenden Qualifikationsverlustes verlängert, desto länger dauert auch der Übergang zu einem Normalarbeitsverhältnis.

Am anderen Ende des Erwerbslebens ist durch die Maßnahmen zur progressiven Frühverrentung oder auch zur Freistellung von der Arbeitssuche für Erwerbslose über 55 ein Kontinuum entstanden, das immer früher zu einem Berufsausstieg führt.

Weniger sichtbar verläuft eine Entwicklung, die die Verbindung zwischen einer Fragmentierung der individuellen Erwerbstätigkeit

---

38 Brigitte Belloc/Christine Lagarenne, »Emplois temporaires et emplois aidés«, in: Données sociales, Paris, INSEE, 1996.

in unsichere Beschäftigungsverhältnisse bzw. wiederholte Kurzzeitanstellungen und einem Anspruch auf Arbeitslosenleistung in den zwischenzeitlichen Phasen einer erzwungenen Erwerbslosigkeit betrifft. Die jüngste Entwicklung zeigt, dass Berufssituationen, in denen Teilzeitbeschäftigung und Sozialleistungsanspruch ineinander greifen, rapide zugenommen haben.[39] Dafür lassen sich zwei Erklärungen anführen. Zum einen ist davon auszugehen, dass sich die flexibilisierungsbedingte Arbeitsnachfrage der Unternehmen umso direkter in kurzzeitigen Arbeitsverträgen niederschlägt, je besser die Versicherungsmechanismen greifen. Das gilt zumindest solange der Gesetzgeber tatenlos zusieht, wie ein beträchtlicher Teil der gesellschaftlichen Flexibilitätskosten auf die Versicherungssysteme abgewälzt werden. Auf der Angebotsseite erinnert eine kumulierende Erwerbsstrategie entfernt an das gemischte Karrieremanagement von Erwerbsarbeit und sozialstaatlich abgesicherter Erwerbslosigkeit, das die kurzzeitigen Arbeitsverträge in der darstellenden Kunst gesellschaftlich überhaupt erst möglich macht. Bei einer solchen Strategie handelt es sich nicht allein um das logische Gegenstück zu den vorherrschenden Prekarisierungstendenzen. Vielmehr dient sie als eine von den Tarifpartnern geförderte Absicherung gegen die Risiken einer erschwerten Vermittelbarkeit infolge längerer Arbeitslosigkeit oder häufig abwechselnder Phasen von Erwerbsarbeit und Erwerbslosigkeit.

Alain Supiot hat in einer bestechenden Analyse darauf hingewiesen, wie paradox es eigentlich ist, dass das Volumen der abhängigen Erwerbsarbeit gerade dadurch wächst, dass immer mehr atypische Berufssituationen darin aufgenommen werden: Die Partikularisierung der arbeitsrechtlichen Regelungen erfolgt ausgerechnet zu einem Zeitpunkt, zu dem die abhängig Beschäftigten, deren Rechte komplexer, in manchen Fällen nahezu unverständlich geworden sind und eine größere Vielfalt an Vertragsformen umfassen, ihren

39 1999 arbeiteten rund 15 % der statistisch erfassten Arbeitslosen in dem jeweiligen Monat des Betrachtungszeitraums zwischen 78 und 136 Stunden (Obergrenze, die einen Anspruch auf Arbeitslosengeld rechtfertigt und oberhalb deren die Erwerbstätigkeit beginnt), während die Zahl 1997 bei 11,7 % und 1998 bei 13,9 % lag (DARES, *Première informations*, Juni 2000).

Zenit erreicht haben.[40] Wenn man das Karrieremanagement der individuellen Berufssituationen, die Absicherung durch die Versicherungssysteme, die Teilhabeansprüche an einer staatlichen bzw. sozialpartnerschaftlichen Politik zur Bekämpfung der Arbeitslosigkeit, das Spektrum der Beschäftigungsformen und Übergangsphasen im Laufe eines Erwerbslebens (Berufseinstieg, Erwerbstätigkeit, Aus- und Weiterbildung, Mutter- bzw. Vaterschaftsurlaub, Arbeitslosigkeit, Umschulung, Frühverrentung usw.) als solche betrachtet, zerfällt die Arbeit in eine weiter gefasste Konfiguration von Parametern, während sich die Erwerbskarrieren aus einer Vielzahl unterschiedlicher Beschäftigungsstatus zusammensetzen. Infolgedessen stehen Arbeitsrecht und Arbeitsorganisation vor der Herausforderung, die Erfordernisse des *Just-in-Time* und die individuellen Vertragsformen im Laufe einer Berufskarriere so aufeinander abzustimmen, dass die Erwerbspersonen sich sicher sein können, dass die unkontrollierbaren Beschäftigungsrisiken nicht einfach auf sie abgewälzt werden und chaotische Konsequenzen zeitigen, wo doch die Investitionen in den kontinuierlichen Ausbau ihrer Kompetenzen eigentlich gerade gestärkt werden sollten.

Gewöhnlich werden diese Entwicklungen im Wesentlichen im Sinne einer quantitativen Arbeitsflexibilität mit größerer Erwerbsunsicherheit interpretiert. Darüber hinaus hat sich die abhängige Erwerbsarbeit jedoch auch zugunsten einer funktionalen Flexibilisierung entwickelt und bestimmte Kardinaltugenden des selbstständigen Freiberuflertums übernommen. Das von J. Atkinson vor fünfzehn Jahren skizzierte Bild eines heterogenen Arbeitseinsatzes in einem flexiblen Unternehmen[41] hat in erstaunlicher Weise die parallel verlaufende Weiterentwicklung des Beschäftigungsstatus und der

---

40 Alain Supiot, *Critique du droit de travail*, Paris, PUF, 1994.

41 Vgl. Bernard Gazier, *Économie du travail et de l'emploi…*, op. cit.: 330, sowie Bernard Brunhes Consultants, *L'Europe de l'emploi ou comment font les autres*, Paris, Les Éditions d'organisation, 1994. In den 90er-Jahren traten die atypischen Beschäftigungsformen zunehmend in den Blickpunkt wissenschaftlichen Interesses. Schon in den 70er-Jahren wurde jedoch in einigen Forschungsarbeiten vereinzelt auf dieses Phänomen und seinen Einfluss auf die kollektive Arbeitsorganisation hingewiesen. Vgl. insbesondere Jacques Magaud, »L'éclatement juridique de la collectivité de travail«, in: Droit social 12 (1975): 525–530.

Verwaltungsorganisation der Unternehmen vorweggenommen: Die Unterscheidung zwischen numerischer und funktionaler Flexibilität begründet ein doppeltes Allokationsregime des Faktors Arbeit.

Vor diesem Hintergrund sollte jedoch der Frage nachgegangen werden, inwiefern sich angesichts dieser neuen Konfiguration die freiberufliche Tätigkeit selbst unabhängig von dem Monopol durch gesetzlich anerkannte Qualifikationen für die hoch qualifizierten Berufsgruppen mit geschütztem Erwerbsstatus verändert hat und inwiefern dadurch die Trennlinie zwischen abhängiger Erwerbsarbeit und selbstständiger Tätigkeit verschoben wurde.

Die neuen Kleider der selbstständigen Erwerbsarbeit und ein zunehmend hybrider Beschäftigungsstatus

Angesichts der Diversifizierung der abhängigen Lohnarbeit scheint die selbstständige Erwerbstätigkeit, die einige Randkategorien der Freiberufler an die abhängige Erwerbsarbeit (Journalisten, Künstler, Handelsvertreter, Unternehmensvorstände) verloren hat, rückläufig zu sein, wobei diese Entwicklung natürlich durch den rapiden Einbruch bei der landwirtschaftlichen Erwerbsbevölkerung beschleunigt wurde. Und dennoch zeichnen gelehrte Untersuchungen ein ganz anderes Bild als das eines Niedergangs. Sie künden vielmehr von einer Wiederbelebung des Unternehmergeistes und einem offensichtlichen Trend zu selbstständigem Arbeiten bei den jüngeren Generationen.

Zuallererst werden dabei die klassischen Kategorien des selbstständigen Unternehmertums neu bewertet. Das Handwerk und seine spezifische Arbeitsorganisation haben den Anstoß zu postfordistischen Organisationsmodellen gegeben, bei denen die Wirtschaftsproduktion in Industriedistrikten territorial verankert wurde.[42] Die Landwirtschaft ist heute weniger aufgrund ihrer selbstständigen Erwerbsarbeit von Interesse, deren Volumen ohnehin unablässig schrumpft, als wegen einer seit längerem praktizier-

42 Michael Piore/Charles Sabel, *Das Ende der Massenproduktion. Studie über die Requalifizierung der Arbeit und die Rückkehr der Ökonomie in die Gesellschaft*, Berlin, Wagenbach, 1985.

ten Mehrfachbeschäftigung.[43] Und schon lange beziehen die Theoretiker, die sich mit der funktionalen Flexibilität in einer projektbezogenen Betriebsorganisation und mit einer raschen Neugestaltung der Produktionsfaktoren in einem unsicheren Umfeld befassen, Anleihen aus dem Baugewerbe.[44]

Aber immer wenn das Revival des Unternehmertums aufs Engste mit den wirtschaftlichen Wandlungsprozessen verknüpft wird, rückt ganz offensichtlich die interne Umverteilung des Anteils selbstständiger Erwerbsarbeit zwischen den großen Wirtschaftssektoren in den Mittelpunkt, die die traditionelle Symbolik des unternehmerischen Risikos und der Statusautonomie verändert. Der Anteil der Freiberufler steigt nämlich im Dienstleistungssektor und bei Wirtschaftstätigkeiten mit ausgeprägtem Innovationsgehalt, wie sie paradigmatisch etwa im Bereich der Spitzentechnologie oder in den neuen Vermittlungsdienstleistungen anzutreffen sind (Consulting, Finanzengineering, IT-Sektor, Biotechnologien).

Die Wandlungen bei der Arbeitsorganisation und die Veränderungen auf dem Arbeitsmarkt führen ebenfalls dazu, dass die Konturen der selbstständigen Erwerbsarbeit und die Schnittmengen mit der abhängigen Beschäftigung neu definiert werden. Bisher wurde die Erwerbsarbeit auf der Grundlage spezifischer Prinzipien einer der beiden Sphären zugeordnet. Dazu zählten bei der abhängigen Beschäftigung eine hierarchische Ordnung und Kontrolle durch Vorgesetzte, die Sicherheit einer unbefristeten Anstellung und langfristige Aufstiegsperspektiven, bei der unabhängigen und unternehmerischen Erwerbsarbeit dagegen Eigenverantwortung, Risikobereitschaft, kurzfristiges Risikomanagement und genossenschaftliche Kontrolle in bestimmten Erwerbsgruppen mit Berufsmonopol. In den letzten zwei Jahrzehnten hat sich diese Trennlinie jedoch deutlich verschoben.

Die neuen Formen der betriebsinternen Arbeitsorganisation übernehmen von den Freiberuflern eine Reihe von Kardinaltugenden der selbstständigen Beschäftigung: Autonomie, Eigeninitiative, Einsatzbereitschaft, Selbstkontrolle, Nutzung und ständige Weiter-

---

43 Catherine Benjamin, *Emploi et pluriactivité dans les exploitations agricoles*, Paris, Economica, 1996.

44 Vgl. die Pionierarbeit von Arthur Stinchcombe, »Bureaucratic and craft administration«, in: Administrative Science Quaterly 4 (1959).

bildung von sozialen Kompetenzen, Kenntnissen und Techniken, persönliche Kreativität. Die individuellen Karrierewege der Arbeitnehmer und die persönlichen Mobilitätsprofile innerhalb der Unternehmen zeigen mit wachsendem Nachdruck, welche Bedeutung der Weiterentwicklung qualifizierter und untereinander austauschbarer Arbeitnehmer, die an zuvor definierten Arbeitsplätzen tätig sind, zu polyvalenten Angestellten beigemessen wird, die sich durch ein persönliches, in unterschiedlichen Aufgabenbereichen einsetzbares und für eine regelmäßige betriebsinterne Mobilität nutzbares Kompetenzprofil auszeichnen.

Ganz offensichtlich sind Eigenständigkeit und Eigenverantwortung bei den qualifizierten Arbeitsplätzen all jener Arbeitnehmer, die zum engen Kreis der gesichert Beschäftigten in einer Firma zählen, stärker gefragt. Dass diese Autonomie aufmerksam überwacht wird, steht ebenfalls außer Frage. Andererseits lässt sich die Abstufung dieser Kontrolle nicht mehr in den traditionellen Begrifflichkeiten analysieren: Eine Evaluierung erfolgt heutzutage vorwiegend in Bezug auf das individuelle Leistungsvermögen und die kollektiven Ergebnisse eines Arbeitsteams. Dadurch, dass nach und nach eine Evaluierung der erforderlichen Kompetenzen an die Stelle einer Überprüfung der geleisteten Arbeitsaufgaben tritt, kommt es tendenziell zu einer Diversifizierung der Beschäftigungsformen und der organisatorischen Praxis je nach den jeweiligen Imperativen eines Unternehmens bzw. historischen Besonderheiten der Arbeitsbeziehungen in einem Betrieb. Die für alle gleichermaßen geltenden, tarifvertraglichen Bestimmungen innerhalb eines Sektors bzw. einer Branche treten dagegen in den Hintergrund.[45]

Außerdem verliert das Arbeitsrecht durch seine immer komplexeren Entwicklungen an Wirksamkeit. Einerseits verschärft sich der Trend zu einer Individualisierung der Arbeitsverträge im Angestelltenverhältnis. Andererseits werden viele Freiberufler der abhängigen Beschäftigung angegliedert und haben Anspruch auf die damit einhergehenden Versicherungsleistungen. Aufgrund einer weiter gefassten Eigenständigkeit und Eigenverantwortung relativiert sich der Geltungsbereich der traditionellen Hierarchieordnung, auf denen

45 Jean-Louis Beffa/Robert Boyer/Jean-Philippe Touffut, »Les relations salariales en France«, in: Notes de la Fondation Saint-Simon (Juni 1999).

die abhängige Beschäftigung basiert. Umgekehrt verschärft sich durch die flexiblen Arbeitsverträge, die häufig von den kleineren Zulieferer- bzw. Dienstleistungsbetrieben genutzt werden, das Abhängigkeitsverhältnis, das von befristeten bzw. bezuschussten Arbeitsverträgen ausgeht. Nach und nach tritt an die Stelle einer Dichotomie zwischen abhängiger und selbstständiger Beschäftigung eine mehrgliedrige Konfiguration verschiedener Beschäftigungsstatus, mit denen allerdings mehr Unwägbarkeiten verbunden sind: Angesichts der unterschiedlichen arbeits-, sozialversicherungs-, steuer- und handelsrechtlichen Kombinationsmöglichkeiten ist selbstständiges Erwerbshandeln in unterschiedlichen Kategorien anzutreffen.

Fast hat man den Eindruck, als würden die rechtlichen und wirtschaftlichen Definitionen der verschiedenen Beschäftigungsformen – Leiharbeit, selbstständige Erwerbstätigkeit im Angestelltenverhältnis über so genannte *umbrella companies*, Teilzeitarbeit, Kombinationen aus einer Mehrfachbeschäftigung mit unterschiedlichem Erwerbsstatus bzw. aus Erwerbstätigkeit und Rente usw. – auf einer vielfältigen Verteilung miteinander kombinierbarer Charakteristika basieren: Angestelltenvertrag mit mehreren voneinander unabhängigen Arbeitgebern, Angestelltenvertrag mit mehreren Arbeitgebern und einem gemeinsamen Personalmanagement, sukzessive Angestelltenverträge mit mehreren Arbeitgebern über eine *umbrella company* usw.[46] Aus diesen Kombinationsmöglichkeiten entsteht ein Kontinuum von Erwerbssituationen, das von einer traditionellen abhängigen Beschäftigung bis hin zu einer völlig selbstständigen Erwerbstätigkeit reicht. Je nach Begabungen, Vorlieben, Fähigkeiten und Beschäftigungschancen könnten die Individuen demnach eine optimale Entsprechung zwischen ihren Berufskompetenzen und einer der Beschäftigungsformen dieses Kontinuums finden. Und je nach den Erfahrungen, die sie in den betreffenden Berufssituationen gemacht haben, könnten sie sodann ihr Erwerbsleben an diesem Kontinuum entlang ausrichten.

Die unsichere Beschäftigung eines unqualifizierten Arbeitnehmers und die Arbeitsleistung, die ein hoch qualifizierter Erwerbs-

---

46 Vgl. Marie-Laure Morin (hg.), *Prestation de travail et activité de service*, Paris, La Documentation française, 1999; Pierre-Michel Menger/Pascaline Costa/Danièle Hanet, *Les Activités qualifiés entre salariat et indépendance*, Arbeitspapier CESTA, 2001.

tätiger entweder unternehmensintern als weitgehend eigenständiger Mitarbeiter oder betriebsextern über einen Handelsvertrag erbringt, bilden die beiden Enden einer Achse der Flexibilisierungspraxis mit einer zunehmenden Vielfalt an Beschäftigungsformen, bei denen Charakteristika einer flexibleren abhängigen Beschäftigung mit Merkmalen eines selbstständigen Erwerbsstatus bzw. einer nichthierarchischen Arbeitsordnung kombiniert werden. Um das Risiko einer Unterbeschäftigung bzw. die Gefahr einer dauerhaften Arbeitslosigkeit als Folge eines befristeten Angestelltenverhältnisses zu verringern, schließen die abhängigen Lohnarbeiter Verträge mit Zeitarbeitsfirmen, Unternehmerzusammenschlüssen, *umbrella companies* oder Betrieben, die vor allem in Teilzeit beschäftigen: Dabei geht es ihnen darum, ihre »Unabhängigkeit« dadurch abzusichern, dass sie ihre Arbeitsleistung auf mehrere Arbeitgeber verteilen. Demgegenüber arbeiten die selbstständig Beschäftigten entweder als Einzelunternehmer oder in Form von Zusammenschlüssen, Vernetzungen, Kooperationsstrukturen, Partnerschaften, Gesellschaften ausschließlich bzw. (im Falle einer Mehrfachbeschäftigung) vorwiegend als selbstständige Dienstleister innerhalb oder außerhalb des gesetzlich geregelten Freiberuflertums. Die Mehrfachbeschäftigung, die in Frankreich einer ersten statistischen Untersuchung zufolge[47] rund 3 % der privatwirtschaftlich Erwerbstätigen (gegenüber 6 % in den Vereinigten Staaten) betrifft, bezieht ihre Dynamik sowohl aus der Fragmentierung der abhängigen Lohnarbeiterschaft als auch aus einer immer vielfältiger werdenden Organisation autonomer Erwerbstätigkeit.

Selbst wenn aber mit steigendem Qualifikationsniveau die Wahrscheinlichkeit zunimmt, seine berufliche Laufbahn auf einem derartigen Arbeitsmarkt erfolgreich beeinflussen zu können, ist das Ausbildungsniveau weniger denn je ein Kapital mit gesicherter Rendite. Immer häufiger kommt es mit 40 oder 50 zu Brüchen in der Erwerbsbiografie oder zu einem Statuswechsel. Vielfach sind es Manager, denen gekündigt wurde und die das Experiment einer neuen Selbstständigkeit wagen und damit der Arbeitslosigkeit zu entfliehen versuchen. Zu Karrierebeginn erfolgt der Berufseinstieg über

47 Sébastien Roux, »La multiactivité chez les salariés du secteur privé«, in: INSEE Première Nr. 674 (1999).

ein breit angelegtes Spektrum von arbeitsvertraglichen Testphasen. Außerdem sind abweichende Beschäftigungsprofile offensichtlich von dem Geschlecht abhängig: Bei den Männern betrifft eine Mehrfachbeschäftigung unter sonst gleichen Bedingungen häufiger junge Angestellte in leitender Vollzeitstellung und bei den Frauen die Altersklasse der 45- bis 55-Jährigen, die in Teilzeit arbeiten.

Darüber hinaus muss sich das Individuum selbst als »Ich-Unternehmer« profilieren und sich wie ein *portfolio worker*[48] verhalten, was allerdings eine starke Individualisierung seines persönlichen Beschäftigungsprofils und ein rationales Kapitalmanagement seiner persönlichen Ressourcen (Zeit, Arbeit, Kompetenzen, Einstellungskapital, Reputation) notwendig macht. Es wäre allerdings eine paradoxe Überspitzung der Situation, wenn dieses Gebot gleichermaßen für Arbeitnehmer mit völlig unterschiedlichem Qualifikationsniveau gelten sollte, d. h. sowohl für den »angesehenen Freiberufler«, der seine Talente und Kompetenzen meistbietend versteigert, als auch für den gering qualifizierten Arbeiter, dessen verwertbares Kapital ausschließlich in der Arbeitszeit und -leistung besteht, die er unter mehreren Arbeitgebern aufteilen kann. Daher haben die frei gewählte Prekarität der Ich-Unternehmer, die an keinerlei betriebliche Strukturen gebunden sind, und die unfreiwillige Prekarität der Arbeiter aus der Reservearmee eine diametral entgegen gesetzte Bedeutung. Auf dem Arbeitsmarkt für Künstler und »Kreative« ist dieses Gebot unabhängig von Erfolg oder Misserfolg für die gesamte Berufs- und Karrieregestaltung strukturbildend, weil die freiberufliche Beschäftigung außerhalb eines hierarchischen Abhängigkeitsverhältnisses von einem einzigen Arbeitgeber liegt. Im Folgenden soll der Frage nachgegangen werden, wie eine stark segmentierte Welt überhaupt als homogen erscheinen und sich in einer individualisierenden Wettbewerbskultur entwickeln kann.

48 Der von Charles Handy, *The Age of Unreason*, Boston, Harvard Business School Press, 1989, geprägte Begriff macht vor allem in Großbritannien Furore.

Kompetenzkontinuum und monopolitische Konkurrenz zwischen den qualifizierten Arbeitern

Im Zuge der Flexibilisierung bildet sich ein kontinuierlicher Erwerbsraum, der nach und nach in Konkurrenz zu einer klar getrennten Berufsklassifizierung tritt. Dabei fungiert der Begriff der Kompetenz als zentrale Bezugseinheit und als Bindeglied zwischen den verschiedenen Organisationssphären.

Zahlreiche Studien[49] haben nachgewiesen, dass sich parallel zu den Veränderungen der Arbeitsorganisation, des Personalmanagements, der Produktionstechniken und der Informationsverarbeitung auch der Kompetenzbegriff nach und nach durchgesetzt hat. Die Charakterisierung der Arbeit in Form eines Kompetenzkontinuums bildet die neue Grundlage für eine ideale Besetzung eines Arbeitsplatzes. Bei der Kompetenz handelt es sich um eine fassettenreiche, vielseitige, ausbaufähige und in seine Einzelteile zerlegbare Werteinheit: In der Sprache des Kognitivismus besitzt das Individuum ein Kapital, die Möglichkeit, dieses Kapital zu verwerten und weiterzuentwickeln, sowie die Fähigkeit der ständigen Anpassung an autonomer werdende Arbeitssituationen und ein turbulenteres Arbeitsumfeld. Fachliche, technische und soziale Kompetenzen bilden eine Triade, auf der die Managementpraxis der Leistungsindividualisierung und der stärkeren Eigenverantwortung der Arbeitnehmer aufbaut.[50]

Mit dem Begriff der Kompetenz werden die Fähigkeiten, die ein spezifischer Arbeitsplatz voraussetzt, und die Eigenschaften eines Arbeitnehmers rational zu bestimmen versucht. Dabei geht es um eine Optimierung der dynamischen Abstimmungsprozesse zwischen individuellen Kapazitäten, Beschäftigungskapital (Abschluss, Berufserfahrung) und Karrierewegen. Bei den Kompetenzen handelt es sich um Wertigkeiten, die anhand von Klassifikationskriterien

---

49 Vgl. vor allem Marcelle Stroobants, *Savoir-faire et compétence au travail*, Bruxelles, Éditions de l'ULB, 1993; François Stankiewicz, *Économie des ressources humaines*, Paris, La Découverte, 1999.

50 Philippe Zarifian, »L'émergence du modèle de la compétence«, in: F. Stankiewicz (hg.), *Les stratégies d'entreprise face aux ressources humaines*, Paris, Economica, 1988; Valérie Marbach, *Évaluer et rémunérer les compétences*, Paris, Éditions d'organisation, 1999.

oder ähnlichen Evaluierungsprinzipien abgestuft werden können. Gängige Dimensionen dieser Bewertungsprozesse betreffen das Wissensniveau, das Verhalten, die kognitiven Ressourcen und das »Entwicklungspotenzial«.

Zwei Punkte sind hier von Bedeutung. Zum einen umfasst die Kompetenzdefinition, die genau wie die Definition der Berufsqualifikationen auf relativen Differenzwerten basiert, eine deutlich größere Zahl an Basiselementen, so dass sich dadurch ein rationales Bemessungskriterium der individuellen Leistungsfähigkeit stärken und die Möglichkeiten einer vergleichenden Differenzierung der Tätigkeitsbereiche und Berufswege erhöhen lassen. Anders ausgedrückt besteht damit also die Möglichkeit, das Karrieremanagement und die Verhandlungen am Arbeitsplatz individueller zu gestalten.

Darüber hinaus zählen zu den Kriterien, mit denen das Anforderungsprofil eines Arbeitsplatzes definiert wird, die Verantwortungsebene und der Grad an Autonomie. Diese traditionellen Aspekte einer beruflichen Qualifikation werden hier jedoch nicht mittels einer Klassifizierung der branchentypischen Beschäftigungsverhältnisse konkretisiert, sondern durch eine genaue Konfiguration der Arbeitsaufgaben in jedem einzelnen Unternehmen. Insofern sich die Werteinheit der Kompetenz aus mehreren Einzeleigenschaften zusammensetzt, werden strengere Rahmenbedingungen zur Besetzung eines Postens in einem Unternehmen mit einem passenden Mitarbeiter auf betrieblicher Ebene definiert, so dass diese Bedingungen zwangsläufig nicht mehr auf eine bracheninterne Logik Bezug nehmen können.

Wenn man die Erwerbsarbeit in Bezug auf ein Spektrum an Kenntnissen definiert, die sich nicht allein auf die rein technischen Anforderungen eines zu besetzenden Postens reduzieren, rückt gleichzeitig die Ausbildung in den Mittelpunkt einer rationalen Unternehmensgestaltung. Das gilt zumindest so lange, wie sie aus mehreren messbaren und ausbaufähigen Grundeinheiten besteht, wie etwa aus berufsqualifizierenden Abschlüssen, Praxiswissen, Mobilitätserfahrungen, Weiterbildungsmaßnahmen, persönlichem Engagement, nachweisbaren Berufserfahrungen.

Tendenziell ist beispielsweise auch bei der betrieblichen Organisation selbst das normative Ideal einer systematischen Kompetenzsteigerung immer öfter Teil der Mobilitätsprofile, wie es etwa das japanische Modell des qualifizierenden Personalmanagements zeigt.

Im tayloristischen Unternehmen wurden die beruflichen Beförderungsstrukturen auf dem betriebsinternen Arbeitsmarkt noch in Form einer pyramidalen Verengung organisiert: Die Mitarbeiterzahl verringert sich jeweils auf der nächst höheren Stufe einer hierarchischen Ordnung, die, je höher man steigt, qualitativ immer anspruchsvollere Arbeitsaufgaben umfasst. Gemäß den Diskontinuitäten der *vacancy chains* kommt es immer dann zu Karrieresprüngen, wenn ein Feld im Organigramm eines Unternehmens frei wird. Im japanischen Unternehmen[51] wurde demgegenüber eine horizontale Arbeitsmobilität institutionalisiert, eine breitere Berufserfahrung gefördert und eine relativ homogene Beförderung einer Gruppe von Mitarbeitern organisiert, die von ihren ausführenden Tätigkeiten auf Arbeitsplätze mit Konzeptionsaufgaben versetzt wurden. Aufgrund der hierarchischen Ordnung der Arbeitsstellen gibt es natürlich auch hier Diskontinuitäten. Eine Kontinuität besteht allerdings insofern, als die Laufbahnen in einer Mobilitätsplanung zwischen verschiedenen Posten innerhalb einer Hierarchiestufe und später zwischen unterschiedlichen Hierarchieebenen integriert sind. Die Polyvalenz der im Laufe der Zeit erworbenen Kompetenzen ist hier die Grundbedingung für eine positive Karriereentwicklung. Auf jeder Betriebsebene besteht ein Kontinuum an mobilitäts- und polyvalenzfördernden Arbeitsstellen, das das Hinüberwechseln auf eine höhere Ebene erleichtert. Dabei handelt es sich um eine ausgesprochen rationale Gestaltung der Karrieremobilität innerhalb eines Unternehmens, die auf einer neuen Logik des betriebsinternen Arbeitsmarktes beruht.

In den gemessen an dem japanischen Vorbild weniger integrativen und untereinander weniger abgeschotteten Unternehmensorganisationen wurde demgegenüber zur Bereicherung der Kompetenzen die Figur des Arbeitnehmers als Ich-Unternehmer entwickelt,

51 Vgl. Masahiko Aoki, *Économie japonaise. Information, motivation et marchandage*, traduit par H. Bernard, Paris, Economica, 1991; Benjamin Coriat, »Penser à l'envers«, *Travail et organisation dans l'entreprise japonaise*, Paris, Bourgois, 1991; Ikujiro Nonaka et Hirotaka Takeuchi, *The Knowledge Creating Company*, New York, Oxford University Press, 1995; Jean-François Amadieu/Loic Cadin, *Compétence et organisation qualifiante*, Paris, Economica, 1996.

der seinen Arbeitsplatz weniger ausfüllen als selbst gestalten und seine Karriere mit einem sich progressiv erweiternden und vielseitig einsetzbaren Kompetenzkapital außerhalb der vorgezeichneten linearen Wege der fordistischen Firma führen soll. Als Karrieremanager seiner selbst ist er, wie es in der Unternehmensliteratur heißt, selbst dafür verantwortlich, dass seine Leistungen und seine Reputation auch über die eigene Firma hinaus sichtbar und erkennbar werden: Genau wie es die mit einem verschärften Kostenwettbewerb konfrontierten Unternehmen befürchten, hat die Loyalität einen hohen Preis, wenn die Kompetenznachfrage schneller wächst als das Angebot. Die Technopole[52] und Industriedistrikte schaffen die physischen Voraussetzungen für eine räumliche Nähe von Unternehmen mit externen Mobilitätsbeziehungen. Der Topos der Unabhängigkeit, der auf eine Aufweichung der Firmenbindung und einer stärkeren Identifikation mit einer Gemeinschaft hoch qualifizierter Nomaden gründet, sorgt dafür, dass die komplexe Erwerbsarbeit gemeinhin mit einer ständigen Weiterbildung in veränderlichen Arbeitskontexten assoziiert wird.

Theoretisch ist unser Arbeitnehmer also gewappnet, um sich auf dem Arbeitsmarkt zu bewegen. Eine Vielzahl unterschiedlicher Berufserfahrungen bzw. Beschäftigungen ist ihm dabei eher förderlich als hinderlich. Die Informationen, die in Lebensläufen und Kompetenzinventarien vermittelt werden, müssen spezifischen Normen und rationalen Prinzipien entsprechen. Sie müssen auf einer unternehmensinternen Standardisierung der individuellen Leistungsevaluierungen beruhen und dafür sorgen, dass Arbeitsplatzbewerber und zu besetzender Arbeitsplatz besser aufeinander abgestimmt werden können.

Aus all dem wird deutlich, wie die Kompetenzlogik, die das Prinzip beruflicher Qualifikation abgelöst hat, der Flexibilisierungspolitik der Beschäftigungsverhältnisse in die Hände spielt, weil damit jeder einzelne Arbeitsplatz über eine größere Zahl an Charakteristika definiert wird, die betriebsinternen Arbeitsmärkte komplexer und eine präzisere Normierung und Anpassung der Arbeitsplätze an die genauen Bedürfnisse des jeweiligen Unternehmens möglich werden.

52 Vgl. Annalee Saxenian, *Regional Advantage*, Cambridge, Harvard University Press, 1994 und ihre Analyse des Silicon Valley.

Fast könnte man den Eindruck gewinnen, als handele es sich bei der Entwicklung des Kompetenzansatzes um eine List der jüngsten Geschichte der Unternehmensorganisation. Bei zunehmender Autonomie und Individualisierung der Arbeit schrumpft die kollektive Verhandlungsmacht, während jedem einzelnen Mitglied einer Arbeitsgemeinschaft eine größere Anerkennung zuteil wird.[53]

Praktisch ist die Situation allerdings komplizierter als es die Modelle des Personalmanagement-Consulting vermuten lassen. Zwischen den Arbeitnehmern lassen sich zumindest zwei unterschiedliche Konkurrenzprinzipien beobachten, nämlich eine Konkurrenz als Folge einer auch weiterhin diskontinuierlichen Hierarchisierung der Arbeitsplätze und der Aufstiegsmöglichkeiten und eine interindividuelle Konkurrenz, die den Einsatz von Strategien erforderlich machen, um das Kompetenzkapital durch eine betriebsinterne bzw. – im Falle geschätzter und knapper Kompetenzen – unternehmensexterne Mobilität zu erweitern.

---

53 Lucie Tanguy zufolge haben »sich die Arbeitnehmerorganisationen schon immer dafür eingesetzt, dass der Ansatz, der den Klassifikationsrastern zugrunde liegt, vom Kopf auf die Füße gestellt werden und die Klassifizierung nicht länger über die Arbeitsplätze, sondern über die spezifischen Eigenschaften der Arbeitnehmer erfolgen sollte. Paradoxerweise sorgt gerade eine Kodifizierung über Kompetenzen [...] für die gewünschte Umkehrung, wobei sie jedoch zugleich die Karten neu mischt: Während die Qualifikation durch die Arbeitgeber- und Arbeitnehmervertreter in Flächentarifverträgen ausgehandelt wird, wird die Kompetenz betriebsintern in einem Einzelgespräch zwischen dem Angestellten und seinen Vorgesetzten im Rahmen bestimmter Vorgaben definiert, die zuvor von der Unternehmensleitung und einer spezialisierten Belegschaft näher bestimmt wurden. Außerdem wird manchen Aspekten der Qualifikation – Autonomie, Verantwortung, Art der Tätigkeit – durch die Definition der Kompetenz als ›einem anerkannten operationellen Wissen‹, die den Anspruch hat, alle genannten Elemente zu enthalten und in einer gegebenen Situation bewerten zu können, etwas von ihrer Unbestimmtheit genommen.« L. Tanguy, »De l'évaluation des postes de travail à celle des qualités des travailleurs«, in: A. Supiot (hg.), *Le travail en perspectives*, Paris, LGDJ, 1998: 555.

Wohin führen diese Entwicklungen? Einerseits zu einer Neudefinition des Unternehmens als ein ganz offensichtlich homogenerer Raum, in dem die Besonderheiten bei der Arbeitsplatzbesetzung und dem Hinüberwechseln zu einer anderen Arbeitsstelle berücksichtigt werden, in dem ein kontinuierlich ausbaufähiges Wertprinzip (Aus- und Weiterbildung) aktiviert wird, durch das die alles entscheidende Bedeutung der ursprünglichen Segmentierung durch graduell abgestufte Berufsqualifizierungen in den Hintergrund tritt, und in dem Kompetenzen zum Einsatz kommen, die stärker einen kontinuierlichen Horizont zeichnen (Kapazitäten, Entwicklungspotenzial).

Andererseits führen diese Entwicklungen jedoch auch dazu, dass das Kompetenzkapital hinsichtlich der finanziellen Vergütung und der Berufserfahrungen letztlich an die Erträge aus der betriebsinternen bzw. -externen Mobilität gebunden ist: Je größer die Kompetenz, desto ungewisser die Unternehmensbindung. Die Fähigkeiten eines hoch qualifizierten Mitarbeiters stoßen auf eine hohe Nachfrage und Anerkennung, so dass über die Marktkonkurrenz vermutlich eine bessere Vergütung ausgehandelt werden kann als durch den Verbleib in einem Unternehmen.

Vor diesem Hintergrund lässt sich leicht nachvollziehen, dass parallel zum Topos des hoch qualifizierten Ich-Unternehmers auch der Topos der selbstständigen Kompetenzevaluierung durch die komplementären Aspekte der Projektarbeit bzw. Werkverträge sowie der Tätigkeit in kleinen Arbeitsteams idealisiert wird. Die Projektarbeit garantiert, dass diese Ich-Unternehmer in hinreichend kurzen Abständen bewertet werden, so dass ihnen aus der Evaluierung keine Reputationsrente erwächst. Ähnlich wie Schauspieler oder Solisten handelt es sich um Leistungsnachweise, die überprüft und quasi unmittelbar aktualisiert werden können. Der zweite Aspekt hat damit zu tun, dass damit der Beitrag jedes einzelnen Mitarbeiters am Gesamtergebnis genau bestimmt werden kann. Bei einer Tätigkeit in Form eines Projekts oder eines Arbeitsauftrags lassen sich die Einzelleistungen leichter identifizieren, so dass sich für jedes einzelne Mitglied des Arbeitsteams individuelle Leistungsnachweise erstellen lassen und die Informationen über die jeweilige Kompetenz und Reputation mit Blick auf künftige Anstellungen und eine persönliche Evaluierung dem neuesten Stand entsprechen.

So entsteht ein Modell monopolistischer Konkurrenz, in dem eine beträchtliche Zahl von Produzenten eine Dienstleistung anbietet, die angesichts der unendlich variierbaren Charakteristika der Arbeitsleistung kaum in identischer Form von den direkten Mitbewerbern erbracht werden könnte (horizontale Differenzierung), und in dem aufgrund unterschiedlicher Wertigkeiten und Reputationen zum Teil gewaltige Ungleichheiten zwischen den Produzenten ein und derselben Dienstleistung bestehen (vertikale Differenzierung). In einem solchen System sind die überzogenen Angebotskapazitäten und die individuelle Erfolgssegmentierung letztlich auf ein breit gefächertes Angebot und ausgeprägte Qualitätsunterschiede zurückzuführen. Selbst wenn in das Leistungsprofil der Arbeitsanbieter die erworbenen Berufserfahrungen einfließen und die Weiterbildungsfähigkeit ein fester Wert Bestandteil des Arbeitssystems ist, spielen bei den Sprachgepflogenheiten und den Maßstäben der Evaluierungsprozesse das Leistungspotenzial eine größere Rolle als das ursprünglich erworbene Leistungskapital.

Darüber hinaus lässt sich allerdings auch eine graduelle Abstufung der Marktfähigkeit jedes einzelnen Erwerbstätigen beobachten. Wer über Kompetenzen verfügt, die nur gering nachgefragt sind, ist der Lohnkonkurrenz auf dem nicht qualifizierten Arbeitsmarkt ausgeliefert. Wer seine Kompetenzen zum Teil an gewöhnlichen, funktionalen Arbeitsplätzen innerhalb eines Unternehmens erworben hat, besitzt mittel- oder langfristig eine gesicherte Beschäftigung auf dem betriebsinternen Markt. Erwerbstätige mit sehr hohem Qualifikationsniveau handeln ihren Wert dagegen auf einem deutlich breiter angelegten Markt aus. Dabei fällt das Verhandlungsergebnis umso günstiger aus, je enger ihre Nischenspezialisierung mit wissenschaftlicher und technischer Innovation (Informatik, Biotechnologie, Finanzengineering usw.) verbunden ist. Diese Skizzierung ist zwar nicht die vollständige Wahrheit des Marktes. Sehr wohl lässt sich damit jedoch die Realität eines Teils der organisatorischen Marktgestaltung der Qualitäten der Arbeitnehmer in einem kontinuierlichen Raum der Differenzierung modellhaft darstellen.

Schlussfolgerung

Die Ungewissheit ist ein zentraler Bestandteil des Expressiven. Dem Versuch, ein Ereignis deterministisch zu erklären, zeigt die künstlerische Produktion immer wieder seine Grenzen auf. Jedes Ereignis ist ursächlich erklärbar, und dennoch: Jedes wirklich neue Erzeugnis wirkt unweigerlich überraschend und weckt das Interesse gerade wegen seiner Neuartigkeit. Einerseits lässt sich feststellen, dass sich die schöpferische Innovation genauso wenig wie jede andere Tätigkeit den Gesetzen der Welt und den unterschiedlichen Strategien der gesellschaftlichen Akteure entzieht: Die Tatsache, dass die kulturellen und künstlerischen Erzeugnisse zunehmend als Teil eines nationalen Kulturerbes betrachtet werden, ist ein hinreichender Beleg für die historische Gebundenheit des Schöpfungsaktes. Andererseits gilt mehr denn je die paradoxe Gewissheit, dass sich nicht vorhersagen lässt, welche künstlerischen Innovationen später einmal in Erstaunen versetzen, Bewunderung wecken oder eine Polemik auslösen werden. Wenn sie sich aber erst einmal durchgesetzt haben, gelten sie als genauso selbstverständlich wie überraschend. Insofern lassen sich all jene, die materielle oder immaterielle Werte schaffen, für Wissenszugewinne oder Marktprofite sorgen, auf ein Wagnis ein, dessen Ergebnis für niemanden vorhersehbar ist, bei dem jedoch einige wenige das große Los ziehen werden. Außerdem dürfen alle Beteiligten darauf hoffen, dass sie im Laufe ihrer Tätigkeit oder durch eine Analyse der Prozesse und die ständige Erprobung neuer gesellschaftlicher bzw. wirtschaftlicher Organisationsformen lernen, wie sie die Ungewissheit des Neuen reduzieren und die Innovation zu verstetigen. So erklärt sich auch, warum zur Beeinflussung des schöpferischen Prozesses derart eindrucksvolle wirtschaftliche Mittel entfaltet, derart viele institutionelle und technologische Vorkehrungen getroffen werden: Es geht nicht allein darum, neue Werke zu produzieren oder die Zukunft und Gewinnmargen eines Unternehmens zu sichern. Vielmehr möchte man aus der Produktionstätigkeit jene Lehren und Instrumente gewinnen, mit denen man ohne größeren Aufwand weitere Werke produzieren und einem eventuellen Misserfolg vorbeugen kann.

Was geschieht jedoch, wenn Fantasie und Kreativität in der Arbeitswelt zu völlig normalen Geboten werden? Dieser Aspekt betrifft den Arbeitsaufbau von Unternehmen und anderen Organisationen, die verschiedenen Möglichkeiten, die Arbeitskräfte in Bezug auf Wissensmobilisierung und Wissensmobilität im Arbeitsprozess zu segmentieren, sowie die neuen Aufgaben des Wohlfahrtsstaates. Gerade hier bietet die Analyse der Künstlerarbeit wichtige Anhaltspunkte, mit denen sich besser erkennen lässt, warum das selbstständigere Arbeiten, die größere Eigenverantwortung und die gestärkte Kreativität so reizvoll sind und gleichzeitig so viele Gefahren in sich bergen und inwiefern parallel dazu auch das Ungleichheitsrisiko wächst.

Die Art und Weise, wie die Qualitäten der Kunstproduzenten beurteilt werden, lässt ein mögliches Entwicklungsszenarium mit neuen Segmentierungen erahnen, die stärker auf individuellen Unterscheidungen beruhen. Ein Prinzip, das sich in den Künsten in Reinform beobachten lässt, beschreibt in der Tat, wie ambivalent die Arbeitsorganisation und das Risikomanagement in einem sozialen Raum mit einem durchgängigen Evaluierungskontinuum sind: All jene, die über Wissen und Kreativpotenzial verfügen, sehen ihre Tätigkeit gemeinhin als Nutzung ihrer Begabung und Kompetenzen, die theoretisch eine unendliche Differenzierung und Hierarchisierung aufweisen. Gerade daraus entspringt eine Konkurrenz bezüglich Vielfalt und Qualität. Praktisch liegen jedoch den Regeln, mit denen Begabungen und Kompetenzen beurteilt werden und die letztlich in einen Arbeitsauftrag münden können, eher grobe Unterscheidungen zwischen unterschiedlichen Reputations- und Leistungskategorien zugrunde: Dabei wird das gesamte Differenzspektrum, das der Suche nach Originalität erst ihren Sinn verleiht, auf einige Basiskategorien (hohe und niedere Literatur, Experimentalkunst und Massenkunst, künstlerisch anspruchsvolle Filme und B-movies usw.) und eine stark vereinfachte Klassifizierung (Künstler mit großer oder geringer Begabung, Originalität oder Konventionalität, Genie oder Epigone etc.) reduziert.

Diese Verengung eines unendlich differenzierten Leistungsspektrums auf eine stark polarisierende Basisklassifizierung bleibt nicht ohne Folgen für das Risikomanagement auf dem Arbeitsmarkt. Ist dieses Beschäftigungsrisiko auf äußere Faktoren zurückzuführen, wie etwa im Falle einer unzureichenden Nachfrage nach den Talenten und Fertigkeiten eines Künstlers, die an dessen Unterbeschäftigung und ausbleibendem Berufserfolg schuld wäre? Oder handelt es sich vielmehr um ein endogenes Berufsrisiko, das letztlich mit einer nur schwach ausgeprägten Begabung oder mit unzureichenden Fertigkeiten erklärt werden kann? In diesem Fall müsste allerdings erst einmal definiert werden, was überhaupt eine solche Unzulänglichkeit kennzeichnet. Die Faktoren, die ein Talent, eine Fertigkeit oder eine Kompetenz bestimmen, sind an sich nur unter Bezugnahme auf die Determinanten der Innovationskonkurrenz definier- bzw. messbar. Die anhaltenden Expansionsphasen im Kunstsektor und in der Freizeit- und Unterhaltungsindustrie zeigen, dass die Intensität der Konkurrenz die Suche und die Produktion von mehr oder weniger originellen Neuheiten erhöht, weil hier die Innovationserwartungen der Verbraucher genutzt und stimuliert werden: Die jeweiligen Eigenschaften eines künstlerischen Talents verändern sich in dem Maße, wie sie sich auf die neuen Charakteristika erfolgreicher Innovationen einstellen und sich auf die neuen Merkmale einer künstlerischen Entdeckung stützen, wie sie von den Institutionen, Kritikern und Experten der Reputationsbewertung hervorgehoben werden.

In den kreativen Wissensgesellschaften sollte eigentlich die Erwerbsarbeit Teil einer magischen Gleichung sein: Flexibilität – Kreativität – Eigenverantwortung – Karrieresicherheit. Die Ambivalenz dieser Gleichung lässt sich aber gedrängt auf folgende Formel bringen: Die Ungewissheit, ob ein Kreativprojekt erfolgreich sein wird oder ob man sich selbst überhaupt in den Erwerbsfeldern und Berufswegen des expressiven Arbeitens mit dauerhaftem Weiterbildungspotenzial außerhalb ausgetretener Pfade wird entfalten können, bietet nur teilweise Möglichkeiten der Risikoabsicherung. Das ist auch der Grund dafür, dass gegenwärtig immer neue Vorkehrungen erdacht werden, um die zunehmend individuellen Transaktionen auf dem Arbeitsmarkt an eine Vergemeinschaftung der Erwerbsrisiken zu knüpfen. Außerdem werden in dem üblichen dreigliedrigen Interaktionsfeld zwischen Arbeitgeber, Arbeitnehmer und Sozialversicherungsbehörden immer neue sozialversicherungsrechtliche Absicherungen gesucht, die den Anspruch haben, die klassischen Sicherheitsaufgaben einer langfristigen Festanstellung weitgehend zu übernehmen.

Anhang: Entwicklung des Künstlerarbeitsmarktes in Frankreich 1987 bis 2000

Die zusammen mit Philippe Coulangeon, Janine Rannou und Ionela Roharik im *Centre de sociologie du travail et des arts* durchgeführten Untersuchungen zu den Künstlerberufen und Künstlerarbeitsmärkten, die im Wesentlichen auf einer Auswertung der Daten der *Caisse des congés spectacle* beruhen, zeigen, dass dieser Beschäftigungssektor in dem gesamten Betrachtungszeitraum 1987 bis 2000 ununterbrochen gewachsen ist. Aus Grafik 1 geht allerdings hervor, dass zwischen dem Anstieg der Angebots- (Zahl der

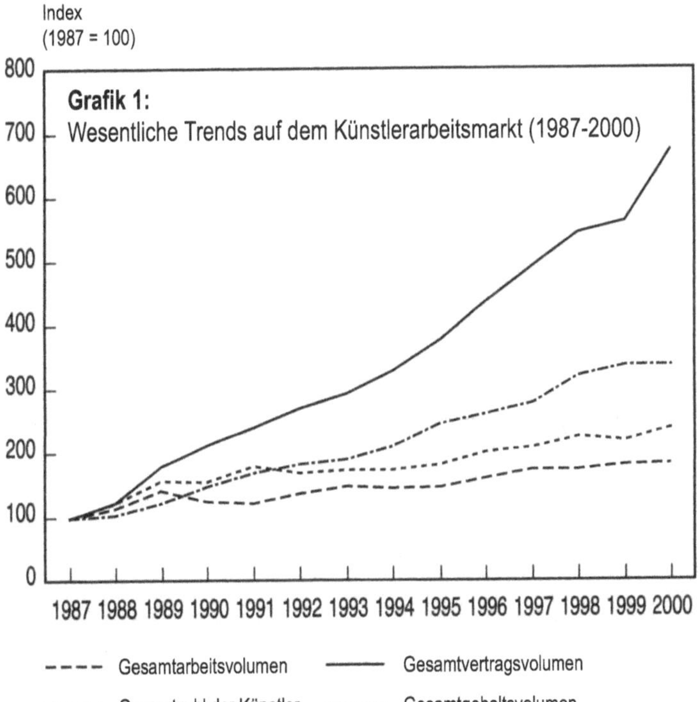

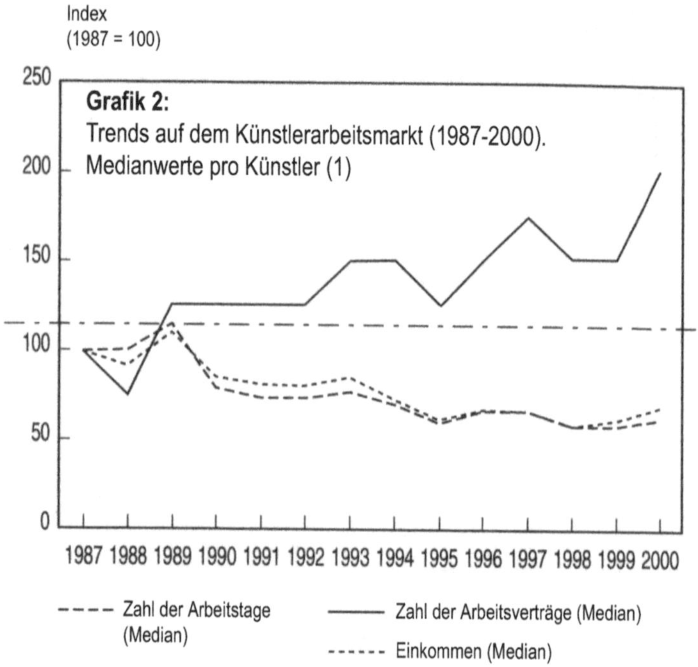

statistisch erfassten Künstler) und der Nachfragekurve (Zahl der Verträge, Gesamtarbeitsvolumen, Gesamtgehaltsvolumen) ein starkes Ungleichgewicht besteht. Grafik 2 veranschaulicht eine der Konsequenzen dieses ungleichmäßigen Wachstums: Im Untersuchungszeitraum ist der Medianwert der Arbeitszeit und des Jahreseinkommens pro Künstler bei einem gleichzeitigen Anstieg der Gesamtvertragszahl (Median) gesunken. Anders gesagt: Die zeitlich befristete Künstlerarbeit hat sich immer weiter aufgespaltet, während der Wettbewerb zwischen einer wachsenden Zahl an Künstlern mit geringerem Beschäftigungsaufkommen immer schärfer wird. Außerdem lässt sich eine höhere Vergütung pro Arbeitstag feststellen, die gewissermaßen eine Entschädigung für eine immer kürzere Beschäftigungsdauer sowie für eine immer schärfere Konkurrenz zwischen den Individuen darstellt, die ursächlich für die Verkürzung der Beschäftigungsdauer verantwortlich sind (Grafik 3). Dennoch sinkt der Medianwert des Gesamtjahreseinkommens eines Künstlers, was zeigt, dass die Arbeitgeber ihren Kurzzeitmitarbeitern keine kompensatorische Absicherung gegen ein wachsendes Ungleichgewicht auf dem Arbeitsmarkt bieten.

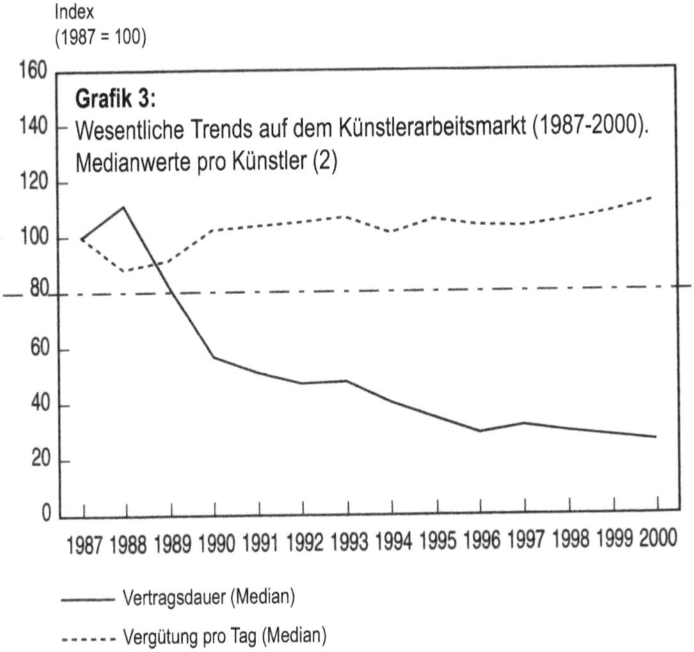